爱上历史丛书

明朝兴亡启示录

大明风云

葛剑雄
主编

安震
著

SPM 南方出版传媒 广东人民出版社
·广州·

图书在版编目（CIP）数据

大明风云：明朝兴亡启示录 / 安震著；葛剑雄主编．— 广州：广东人民出版社，2021.7

ISBN 978-7-218-14667-6

Ⅰ．①大… Ⅱ．①安… ②葛… Ⅲ．①中国历史—明代—通俗读物 Ⅳ．①K248.09

中国版本图书馆 CIP 数据核字（2020）第 243234 号

DAMINGFENGYUN:MINGCHAO XINGWANG QISHILU

大明风云：明朝兴亡启示录

安震　著

出 版 人：肖风华

责任编辑：李力夫
责任技编：吴彦斌　周星奎
装帧设计：安　宁

出版发行：广东人民出版社
地　　址：广州市海珠区新港西路 204 号 2 号楼（邮政编码：510300）
电　　话：（020）85716809（总编室）
传　　真：（020）85716872
网　　址：http://www.gdpph.com
印　　刷：北京彩虹伟业印刷有限公司
开　　本：880mm×1230mm　1/32
印　　张：8　　字　　数：200 千
版　　次：2021 年 7 月第 1 版
印　　次：2021 年 7 月第 1 次印刷
定　　价：58.00 元

售书热线：（020）85716826

再版前言

本书初版于1997年。这次再版，完全按原版排印，仅根据作者的要求，作了个别文字上的修改。一则不能让钟爱我们的读者误以为是一本新书，一则作者都认为没有重写或全面修改的必要。

为什么写在23年前的旧作不需要改写，就能直接供给读者呢？一方面这是作者的自信，二十余年来自己和读者都没有发现什么讹误不妥之处，自然保持原貌为好。另一方面，这也是历史类书籍的优势——以历史事实为基础，只要这部分正确，就有其长久的价值。所以我在本书的《总序》中说，完成于九百多年前的《资治通鉴》的价值“并没有随着北宋的覆灭而丧失，相反，随着时间的推移，越来越受到历代统治者的重视”。到了今天，你可以不赞成《资治通鉴》所传达的价值观念和它所总结的经验教训，但改变不了它们曾经受到历代统治者的高度重视，也为中国当代政治家所重视的事实。你可以不看书中“臣光曰”的大段议论，但如果要了解历史事实、特别是唐后期和五代期间的史实，就必须读《资治通鉴》。

多年前，师兄周振鹤教授提出“历史是介于科学与人文之间”的观点，我深以为然，并且经常运用演化。一切过去曾经存在的人和事都是客观存在，是事实，研究并复原它们属于科学的范畴，应该只有唯一正确的答案。如果客观条件具备，这一过程完全可以重复，而且可以得到验证。但现存的历史都是后人有意识、有选择的记录，而人的意识和选择属于人文，不必也不可能用科学的标准来衡量。至于人们的历史观念和对历史的评价纯属人文，更不必也不可能找到唯一的标准答案。

我在《总序》中说明，作为普及性的历史书，本书的目的是向尽可能多的读者提供一点历史事实、历史经验和历史智慧。对于历史事实，我们可以根据自己的研究成果，或是吸收他人已有的可靠的研究成果，作如实的叙述。如果不得不涉及至今尚未被揭示的，或存在争议的事实，一般都会加以说明，或者作出自己的判断。对这一部分，如果出现错误，即使是次要的、细节的，也要及时纠正。就在交稿前，有网友在我的微博上指出，我在《汉魏故事》一文中称曹丕为“建安七子”之一是错的。看到后，我颇感意外，曹丕是“三曹”之一，当然不属“建安七子”，但翻到那一页，我当初就是这样写着，二十多年来居然没有发现。要不是那位读者发现并指出，这次再版还会错下去。

但如果是对本书提供的“历史经验”“历史智慧”部分，那基本都属于人文，并没有标准答案，作者与读者之间完全可以有不同的见解和观点，见仁见智，何妨求同或求异！所以这部分就不必修改了。

本书初版时，我和全体作者都属中青年，最年长的我也还不满六十。如今，最年轻的两位作者都已接近我当时的年龄，而作者之一、复旦大学法学院的姚荣涛教授不幸已于2020年6月因病逝世。本书的再版也是对姚教授的纪念和安慰。

葛剑雄于庚子岁末

葛剑雄

总序

北宋元丰七年（1084年）十一月，经过近19年的努力，司马光和他的助手们终于在西京洛阳完成了294卷历史巨著——《资治通鉴》。在呈报给皇帝的表文中，司马光希望这部书能使皇帝“鉴前世之兴衰，考当今之得失，嘉善矜恶，取是舍非，足以懋稽古之盛德，跻无前之至治，俾四海群生，咸蒙其福”。可是不久，继位的哲宗和之后的徽宗辜负了司马光的一片苦心，并没有吸取这部书中所提供的历史经验和教训，更没有赢得“稽古之盛德”和“无前之至治”。就在《资治通鉴》问世后的42年，金朝的大军兵临开封，宋朝失去了半壁江山，连徽宗和他的儿子钦宗都当了俘虏，“四海群生”遭遇的不是福，而是无穷的祸。

但《资治通鉴》的价值并没有随着北宋的覆灭而丧失，相反，随着时间的推移，越来越受到历代统治者的重视。今天，包括《资治通鉴》在内的古代优秀历史著作，依然是值得我们珍视的宝贵遗产。

我们之所以重视《资治通鉴》一类历史著作，一个重要的原因，是它们不仅给人们提供了历史事实，而且明确地表达了作者对历史的看法和他所总结的历史经验。尽管由于时代不同了，我们不会完全同意他们的见解，或者只能将他们的看法作为批判的对象。但有一点是可以肯定的，他们所总结的一些具体的历史经验，具有永恒的价值。

历史发展有其基本的规律，这是不以人们的意志为转移的，是必然的。但任何一个社会发展阶段、任何一个朝代、任何一位君主、任何一个事件，都有其偶然性，不可能都按照某一种具体的规定出现或消失，兴盛或衰亡。在很大程度上，直接影响到这些人或事的，是人事，而不是天命；是偶然因素，而不是必然性；其结局往往千变万化，而不是只有一种可能性。

就拿中国的历史来说，封建社会占了目前我们所知道的历史时期的大部分。如果只研究封建社会的一般规律，只看到这个社会从产生、发展到消亡的大过程，就无法解释各个朝代的兴衰。在封建社会处在上升的阶段，在地主阶级被称为新兴的时期，照样有王朝衰落以至灭亡，而另一个勃兴的新朝并没有摆脱封建社会的特性，另一批成功的君主也不可能不代表地主阶级的利益。为什么同样是封建王朝，有的能持续三四百年，有的却只存在了一二十年，甚至胎死腹中？为什么同样是地主阶级代表，有的君主能开疆拓土，有的却只会割地赔款？有的可以清心寡欲，有的却一定要穷奢极侈呢？为什么在同一个阶级中也有忠奸贤愚，而同样是忠臣，结果却截然不同呢？

我们当然应该特别重视对历史发展总体性和规律性的研究，只有这样，才能把握住历史的大方向，才能对我们的事业有必胜的信心和执著的追求。但这并不意味着可以忽视具体的、一般性的历史经验，因为如果我们不重视这一类经验，我们的追求就未必能取得预期的结果。而且，对个人和一个部门来说，这类经验更具实用性和启发性，更易形成自己的智慧，更易转化为自己的财富。

这套书共8卷，每卷选择一个在中国历史上影响较大的朝代或时期，在该时段中选择一二十个题目，可以是人物、事件、制度、观点、阶段等等，通过具体的史实，提出作者的看法和见解。有时，通过史实的叙述道理已不言自明，作者自然就不必多说了。

我们不是写中国通史，所以只能写每本书涉及的阶段，但也不限于一朝一代，可以兼及前后左右。我们也不是作一朝一代的通史，只是从这一朝代或阶段中选取我们认为意义较大、便于表达而作者又有较好研究基础的题目。见仁见智，在所不免，读者或许会对自己认为重要的题目没有选入感到遗憾，那就只能请大家谅解了。

因为希望我们的书有更多的读者，在每一卷的开始都有一篇概述。这主要是为对该阶段的通史不太熟悉的读者准备的，也是为了使读者能对下面这些题目的相互关系和背景有一定的了解，具有这方面基础的读者完全可以不看。由于每篇都有相对的独立性，尽可以挑自己感兴趣的先看，不必照编排的顺序。我自己看书时常常如此，看了有味道的文章往往会不止看一遍，而不感兴趣或看了开头就乏味的文章从此不再看。当然，作为这套书的主编和作者之一，我还是希望书里的每一篇都能吸引尽可能多的读者。

1999年10月

目录

概述

“读史使人明智。”“以史为鉴，可以知兴替。”这些话固然不错。现代人自然不会沉湎于以往一朝一姓的兴衰，但回首充满血腥味的历史画卷却总是让人怦然心动，难以平静。面对数百年前的功过是非，得失荣辱，我们只有轻轻地感喟，沉沉的思索。“忧从中来，不可断绝。”这也许就是历史赐予我们的一点明智吧！

在源远流长的历史长河中，历代王朝的兴亡更迭此起彼伏。其中，明朝是中国封建社会后期的一个统一王朝。它肇建于公元 1368 年，迄至 1644 年覆亡，历时 276 年，前后在位的皇帝共有 16 名（不含南明诸帝）。从传统史学的角度视之，明代与汉、唐诸朝相比，多少显得有点逊色。因为无论是文治武功，还是典章建制，显然都难以超汉追唐。就拿明朝的皇帝来说吧，除了太祖朱元璋、成祖朱棣之外，大都庸庸碌碌，无所作为。在明代的编年史上，人们看到的更多的是——荒唐无稽的武宗、世宗、神宗和熹宗，刚愎自用的崇祯，还有醉生梦死的南明诸帝。即使是受人称道的太祖、成祖，亦以残忍、专制而著称于世。除了荒诞和血腥之外，明朝历来被视作缺乏卓越建树的朝代。唐代诗人李白曾有《把酒问月》，诗云：

今人不见古时月，
今月曾经照古人。
古人今人若流水，
共看明月皆如此。

悠悠千古，一样的月光，一样的日子。虽然，秦时的明月曾照临过汉时的关墙，但在同样皎洁的清辉之下，毕竟演绎过不同的历史。如今，岁月荏苒，往事已如云烟散尽，然而，那一段历史中的片断记忆，毕竟给我们留下了耐人寻味的诸多启示。

一

《明史·太祖本纪》记载，元文宗天历元年（1328 年），濠州钟离县妇人陈氏怀孕时，梦见神灵授药一丸，置于掌中有光，吞食之后随即醒来，但觉口中余有香气。过了数月，陈氏诞生一儿。传说，当时红光满室。从此，屋内每夜都会发出类似的红光，以至于周围邻里望见，均疑为火警，呼噪奔救，但至近前却一无所见……这就是史籍中大肆渲染的“紫气耀明光”。

其实，“感孕而生”历来就是君权神授的重要依据。揆诸实际，“紫气耀明光”的故事，只不过是神道设教，借着神秘的灵光为自己涂脂抹粉。事实上，朱元璋也是赤条条地来到一个一穷二白的佃户之家，地无一垄，房无片瓦，既无半点田地家产，更没有可资炫耀的祖宗门第。

朱元璋祖籍江苏沛县。元朝末年，天灾不断，其祖先几经周转，才逃荒来到凤阳。然而，至正四年（1344 年）的一场天灾，使得朱元璋家破人亡，孤贫无依。在邻人的帮助下，他进了皇觉寺，落发当了行童。谁知不到两月，旱蝗肆虐，庙里也断了粮，只好托钵出外游方化缘，整整流浪了三年。云游乞食的经历，使朱元璋饱尝了人世间的辛酸，但也开阔了眼界，进一步了解到民间的苦痛、社会的弊病。后来，他参加了元末农民起义，浴血沙场，身经百战，不断充实和扩大自己的势力，一面抗击元军，一面扫灭群雄，终于成为明王朝的开国皇帝。

1368 年正月，朱元璋即位，建都南京，国号“大明”，年号“洪武”，史称“明太祖”。

南京，素以“六朝金粉”著称。在这里，历史上曾演绎过许多兴衰递嬗的悲喜剧。南京的山山水水，一草一木，隐含着浓郁的兴亡之感。定都于此，显然让朱元璋生发出一种深沉的历史悲怆感。他对“六代豪华春去也”的兴亡史迹极为关注，故将唐人李山甫的《上元怀古诗》书置屏间，借怀古之笔记现实之情感：

南朝天子爱风流，
尽守江山不到头。
总为战争收拾得，
却因歌舞破除休。
尧将道德终无敌，
秦把金汤可自由？

试问繁华何处在，

雨花烟草石城秋。

朱元璋少小生长于民间，深悉物力之维艰，又目睹元朝末年政治的废弛和紊乱，故而对下层民众的疾苦，有着深刻的切肤之痛。即位之后，朱元璋曾指出：

天下初定，百姓财力俱困，譬如初飞之鸟，不可拔其羽，新植之木，不可摇其根。

从切身的体验出发，朱元璋深刻地认识到天下刚刚平定，民间竭蹶困窘，明智之举是应当让老百姓休养生息。“弦急则断，民急则乱”，必须缓和剥削，才能长治久安。故而在洪武年间，朱元璋曾多次减免田赋，遇有水旱更是加紧救灾和蠲免，减轻、暂停农民的徭役，重役则改由军士或豪富承担，以便与民休养。为了改变经济凋敝的局面，迅速推动小农经济的复苏，朱元璋鼓励垦荒，扶植、培养自耕农阶层，从而使明初人口、土地的比例渐趋平衡。在朱元璋统治的三十一年里，全国形成了自耕农经济的黄金时代。当时有一首诗这样写道：“山市晴，山鸟鸣，商旅行，农夫耕。老瓦盆中冽酒盈，呼嚣隳突不闻声。”——在僻野荒陬的山村，鸟儿在晴朗的天空中欢快地鸣唱着。环顾四周，商贾流通，农人安于陇亩，世代传下的老瓦盆内，充溢着甘冽的老酒，而从前催租胥吏的叫骂声，再也听不到了。透过这略事夸张的描述，我们不难体验到发自普通农民自怡自足的心声。

鉴于元末贪官蠹政、污吏横行的局面，朱元璋即位后即毫不留情地严惩贪贿。洪武二年（1369 年），他告诫百官说：

我以前在民间时，看到州县官吏多不爱护百姓，往往贪财好色，饮酒废事，大凡百姓疾苦，他们均漠然视之，我心里真是恨透了。如今我要严立法禁，官吏凡是贪污蠹害百姓的，将一律严惩不贷。

于是，他动用严刑峻法整顿吏治。规定：凡是贪赃白银 60 两者，皆枭首示众，并处以剥皮之刑。他别出心裁地在府州县衙门的左面特建“皮场庙”，贪官枭首后均剥皮实草，置于官府公座两旁，作为后任官员的前车之鉴。所谓“高皇惩吏痛绳赃，峻法严刑凛若霜，土地祠旁芳草地，鹿场特辟剥皮场”，说的就是这件事。洪武十八年（1385 年），北平官吏与户部侍郎郭桓通同舞弊、贪污税粮之事败露，朱元璋遂将六部左右侍郎以下的官吏均处以极刑，追缴赃粮 700 万石。供词牵涉的各布政使司官吏，也都受到严厉惩处。追赃还波及全国各地的许多人，中产以上的地主因此而倾家荡产者不胜枚举。此外，朱元璋还籍没了苏州、嘉兴、松江和湖州等地豪民的土地，将其中几万户人家强制迁徙到南京与临濠一带，又在南京抄杀豪民一百七十余家。这些做法，使得官吏贪墨之风有所收敛，缓和了江南土地兼并的紧张状况，重建了明初的封建经济秩序，为社会经济的复苏，提供了良好的社会环境。

朱元璋起自临濠，麾下驰骋疆场、运筹帷幄的文臣武将多系淮西籍人，有的甚至还是自己的同乡。开国之后，他们纷纷得以晋爵授勋，很多人位至国公、列侯。于是，这批权臣勋贵遂以乡土、宗亲和部属关系为纽带，结成了一个以淮人为中心的朋党集团。他们广蓄悍仆豪奴，鱼肉百姓，横行乡里。这些不法行径，逐渐招致了朱元璋的不满。洪武六年（1373 年），淮西集团头目李善长，推荐同乡兼姻亲的胡惟庸拜相。后者为人独断专行，居相位长达 7 年，朝中遍植私党。此情此景，更让朱元璋怀有皇权旁落的隐忧，皇权与相权之间的矛盾迅速激化。于是，他于洪武十三年（1380 年）兴起胡党大狱，并在此后的 10 年间，株连蔓引，共杀了 3 万人左右。接着，他又于洪武二十六年（1393 年）兴蓝党大狱，诛杀 1.5 万人，解除了武人拥兵擅权对皇权的威胁。两狱合称“胡蓝之狱”。大兴“胡蓝之狱”，是朱元璋打击新贵的政治策略，对于加强专制皇权的统治，无疑有着重要的意义。

朱元璋诛杀胡惟庸之后，乘机罢废了中书省和丞相，分相权于吏、户、礼、兵、刑、工六部，加重了六部的事权，六部官员直接对皇帝负责。皇帝实际上兼摄了相职，权力空前膨胀，从而进一步强化了皇权。他又将大都督府分为五军都督府，与兵部共襄军事。府、部各有所司，“将不专军，军不私将”，彼此相互掣肘，一切兵权均总揽于皇帝。在地方行政方面，废除了元代的行中书省，在全国设立十三布政使司（俗称省）。分权于布、都、按“三司”，即以布政使掌民政、钱谷；都指挥使掌军事；按察使掌刑法，从而改变了元代行省丞相独掌地方大权的局面。此后，行中书省的权力被一分为三,三司彼此互不统辖，相互牵制，直接听命于朝廷。地方事权受到削弱，而中央集权则得以空前强化。

明初刑律，包括律、令、诰和榜文四个方面。洪武六年（1373 年），朱元璋任命刑部尚书刘惟谦制律，次年二月修成，此后又不断修订，于洪武三十年（1397 年）正式颁行。此外，朱元璋还法外用刑，将旨意凌驾于《大明律》之上，编成《大诰三编》及《大诰武臣》，详尽地记载了有关惩治贪污、打击豪强以及防止百姓流亡的事例和律令。其中，列有不少酷刑，如凌迟、剥皮、枭首、抽肠、阉割、挑膝盖和族诛等，充分反映了朱元璋皇权专制的残酷和野蛮。当时，法外刑讯的机构是臭名昭著的锦衣卫。这一皇家的特务机关避开三法司，直接对皇帝负责。它可以任意捕人，加以拷讯、杀害。其所设置的监狱和刑具，用刑极为惨毒。而与之关系密切的一种刑法——廷杖，可以在殿廷上公开杖责因进谏而触怒皇帝或有过失的大臣，从而大大提高了皇帝的权威。

为了征发赋役，加强对基层社会的严格控制，明初编制了黄册和鱼鳞图册，详细登载各地居民的丁口、产业状况、每乡每户土地的亩数及其方圆四至，从而在一定程度上减少了豪强富户隐匿土地和户口的情况。在此基础上，又推行里甲制度和关津制度，以防止百姓的流移或隐匿户口。

在文化方面，为了显示专制皇权至高无上的权威，钳制社会舆论，扼杀异己思想的萌发，朱元璋竭力加强政治上的专制主义，用高压手段大兴文字狱，打击那些不与自己合作的文人。文字狱株连蔓引，以至于后来身陷其中的不少文人、官员，其本意原是献媚、颂扬朱元璋的，却无意间触犯了忌讳，招来横祸。与此同时，朱元璋还绞尽脑汁地禁锢读书人的思想，对科举制度的形式和内容作了严格的限定。他制订八股文程式，专以《四书》《五经》命题，其内容则以钦定朱熹的《四书集注》作为议论的根据。有鉴于此，当时的读书人除了钦定的《性理大全》之外，几乎废书不观，从而严重束缚了知识分子独立思考的能力，使得知识界的思想趋于僵化。在这种情势下，明初的学术界显露出暮气沉沉的状况，弥漫着保守的学风和沉寂的思想。

在军事方面，朱元璋推行卫所制度，在军事重镇设卫，次要地方设所。在全国各地设立军屯，军户屯粮约占全部税粮收入的一半，基本上解决了沿边军士的粮食问题。对此，朱元璋曾踌躇满志地说："吾养兵百万，不费百姓一粒米。"当时，为了羽翼朝廷、巩固边防，朱元璋将其二十几个儿子和一个从孙分封在全国各地。其中，驻守北方、抵御蒙古的一部分藩王，被授予了军权；而另外一些监督地方的藩王，则分驻于内地各省。他虽然对藩王作了不治民事、不授封土的限制，但又规定，藩王可以自置官属，可以移文朝廷索取奸臣，甚至还有出兵"清君侧"的特权。这就使得藩王的权势迅速膨胀，尾大不掉，中央集权与地方分权的矛盾日趋严重。朱元璋死后，由分封制种下的恶果很快便暴露无遗了。

为了解决中央与地方权力分配上的冲突，在齐泰、黄子澄和方孝孺等人的擘划下，洪武三十一年（1398 年）五月，即位的建文帝朱允炆推行削藩政策，在短短一年左右的时间里，就先后成功地削、废了 5 个力量较小的藩王。然而，当削到拥兵 10 万的燕王朱棣时，"渔阳鼙鼓动地来，九重城阙烟尘生"，后者借口削藩违反祖制，以入京索诛奸臣为名，发动了"靖难之役"。

朱棣系朱元璋第四子，长期坐镇北平，节制沿边军马。他曾屡率诸将出征，斩获颇多，功勋卓著。此时，他打着"靖难"的旗号挥师南下，经过 4 年的内战，终于攻克了南京，建文帝不知所终（或谓阖宫自焚；或云自火逃逸、下落不明；或传出亡为僧，流落云南，难以论定）。朱棣即位，建元永乐，史称明成祖。

即位后的明成祖，为了剪除藩王对中央皇权的潜在威胁，继续推行削藩政策。他通过削、废、徙等途径，限制藩王势力的发展，将地方的军政大权再度集中到自己手中。与此同时，他还进一步调整了中央机构，正式设立内阁，从而奠定了有明一代政治体制的基本格局。他又重用司礼监宦官，给予宦官以出使、专征、监军、分镇和刺探官民隐事等特权。除了恢复洪武年间一度废止的诏狱外，还增设了东厂，以内监提督。锦衣卫与东厂及后来的西厂，合称“厂卫”。此后，厂卫就一直成为明代皇帝巩固皇权、进行特务恐怖统治的工具。

为了巩固自己的权力中心，防御自北而来的蒙古军事贵族的侵扰，朱棣于永乐十九年（1421 年）正式迁都北京，改南京为陪都。在迁都前后的永乐八年（1410 年）到二十二年（1424 年）之间，他曾五次亲自率兵出塞，远征漠北鞑靼、瓦剌等部割据势力，巩固了对北方的统治。明朝政府还在今东北地区设置了建州卫和奴儿干都司。其中的奴儿干都司，是明朝管辖黑龙江、乌苏里江流域最高一级的地方行政、军事机构，对于此后东北地区的开发，有着重大的影响。

永乐时期，明朝的国力臻于极盛。其综合国力在亚洲乃至世界上，都堪称首屈一指。为了发展对外关系，明成祖推行和平的外交政策，利用雄厚的经济实力，多次组织和派遣使者出使东、西洋各国，以促进明朝政府与世界各国的友好往来。特别是从永乐三年（1405 年）起，他耗费巨资“造大船，竖高樯，选劲卒”，多次派遣三宝太监郑和率领船队出访西洋各国，前后历经亚、非三十多个国家。郑和船队以先进的航海技术，开辟了亚非海上交通的新格局，使得周边及海外的六十多个国家，都与明朝建立了朝贡关系，显示了明朝在世界上的影响力。它打通了东西海上交通网络，为地理大发现起了先导性的作用。

永乐以后的洪熙、宣德二朝，仍然处于大明王朝的鼎盛时期。当时，社会动荡和政治变革基本结束，明王朝的统治逐渐步入了正轨，故而有人将之比作周代的成、康时期和汉代的“文景之治”。仁宗朱高炽、宣宗朱瞻基虽然缺乏雄才大略，但他们继承明初的成果，政治上推行守成，经济上注意与民休养生息，史称“守成令主”。在仁、宣时期，内阁权位迅速提高，成为中枢的辅政机构，从而完成了从丞相到内阁制的转变。特别是仁宗在位期间，重用大臣“蹇夏”（蹇义和夏元吉）和“三杨”（杨士奇、杨荣和杨溥），君臣融洽，政治比较清明，社会和经济也较为稳定，故而后人有“仁宣之治”的说法。当然，在这治平的表象之下，社会危机也在潜滋暗长。

二

宣宗于宣德十年（1435年）病死，由皇太子朱祁镇即位，是为英宗，年号正统。此时朱祁镇刚9岁，因年幼不能秉政，由其祖母——太皇太后张氏掌权，任用元老阁臣“三杨”主持政务。当时，“三杨”等人德高望重，宦官尚不敢飞扬跋扈。因此，正统初年基本上继承了仁、宣时期的各项政策，社会经济得到了持续的发展。但英宗亲政之后，“三杨”等元老阁臣先后因故休职，朱祁镇宠用的宦官王振，对资望较浅的新任阁臣极为蔑视，渐渐地窃取了权力，从而严重地影响了朝政，以至于到了权倾朝野的地步。其时，皇帝称王振为“先生”，公侯勋戚则呼之为“翁父”，其他的朝臣更是望风罗拜。口含天宪的王振秉政专权，不遗余力地网罗亲信，广收贿赂，以其控制的锦衣卫，迫害那些曾经弹劾过他或对自己表示蔑视的大臣。朝政在王振的把持下，政治日趋腐败，君臣之情不通，土木工程繁兴，宫廷靡费滋甚，财政危机日益深重，国内用兵连年，从而拉开了明代中叶国势衰颓的序幕。

与此同时，社会上的各种矛盾也逐渐激化。特别是在皇室、勋戚和官绅的肆意兼并下，土地集中的问题日益突出。稍后的一首无名氏《醉太平》小曲这样写道：

夺泥燕口，
削铁针头，
刮金佛面细搜求，
无中觅有。
鹌鹑嗉里寻豌豆，
鹭鸶腿上劈精肉，
蚊子腹内刳脂油，
亏老先生下得手！

从燕子口中夺泥，从针尖上削下铁来，从泥塑木雕的佛面上刮下金粉，在鹌鹑的嗉子里找寻豌豆，在腿长细瘦的鹭鸶腿上割下瘦肉，在蚊子的肚子里挖出油脂。地主官僚侵占农民的土地，封建政府又加重赋役剥削，他们无尽无休地剥削平民百姓，真是贪得无厌！这些，都强烈地激化了社会矛盾，于是，流民问题日趋严重，农民造反此起彼伏。

随着政治上的腐败，卫所军制遭到破坏，边防空虚，武备废弛，周边少数民族跃跃欲试，不断骚扰内地。正统十四年（1449 年），瓦剌部也先举兵南下。朝议抗御，虽然群臣反对英宗亲征，但王振却挟持英宗率军征战。结果，数十万大军于土木堡惨败，英宗被俘，王振则死于乱军之中，随驾从征的五十余名将校全部战死。也先押着明军的二十余万匹骡马和所有的器械辎重，拥着英宗皇帝，得意扬扬地退兵北去。此次战役，史称“土木之变”。

“土木之变”，使明朝政府经历了严重的危机；也被视为明中叶的肇始。为了挫败也先的政治讹诈，兵部左侍郎于谦果断地拥立朱祁钰为帝，即代宗（年号景泰）。此后，在于谦的主持下，明朝政府积极革新内政，诛杀王振余党，招募民兵，檄调各路援军，加强战备。在随后的北京保卫战中，于谦率都城军民奋起抵抗，血战 5 日，终于打败了兵临城下的也先军队，迫使后者狼狈退军，并送回了英宗，从而使明朝得以化险为夷，摆脱困境。

英宗回朝后，被禁锢于南宫。景泰八年（1457 年），徐有贞勾结宦官曹吉祥、武将石亨等人，乘代宗皇帝病危之际，拥立英宗复辟，史称“夺门之变”（亦称“南宫复辟”）。政变之后，于谦因拥立代宗皇帝而成为皇位争夺的牺牲品。

英宗复辟之后，年号改为“天顺”。他并没有汲取正统年间宦官专权的教训，仍然一意孤行，宦官权势恶性膨胀，使得政局日趋窳坏。天顺八年（1464 年），英宗病死，太子朱见深即位，以第二年为成化元年（1465 年），此即明宪宗。宪宗登位时年仅 18 岁，却宠爱比他大得多的万贵妃。当时，中官太监、方士妖僧，皆以结欢万氏为晋身之阶。宪宗在位共 23 年，长年蛰居深宫，耽于逸乐，仅在成化十年（1474 年）召见过大臣一次。平日里重用宦官和奸佞，造成了“朝多秕政”的局面。在此种情势下，朝中结党营私的奸佞，把持朝政，宦官的势力日益膨胀，从而加深了政治的腐败和统治阶层内部的矛盾。当时，宦官汪直专权，口衔天宪，作威作福。有个名叫阿丑的小宦官，工于俳优，某日于明宪宗面前扮作醉汉，撒泼骂街。有人告诉他皇帝来了，他却谩骂如故；而当告诉他汪太监来了时，他却马上撒腿避走，并口称“今人但知汪太监也”。故而当时有“只知有汪太监，不知有天子”的说法。宪宗朝皇权旁落的情形，于此可见一斑。在这一时期，土地兼并问题更加严重，皇室、勋戚、中官等开始大量设置庄田，流民数量有增无减，平民流亡成为全国性的普遍问题。其中，仅荆襄地区的流民就达一二百万户。他们中有的铤而走险，终于酿成了规模宏大的荆襄流民起义。

成化二十三年（1487 年）八月，宪宗去世，18 岁的皇太子朱祐樘即位，即为明孝宗，年号弘治。孝宗励精图治，锐意改良政治，勤于政事，注意节俭，与民休息，斥逐奸邪势力，抑制勋戚、中官等权豪近幸，从而削弱了英宗、宪宗时期太监专权乱政的现象。他任用正直、练达之士，广开言路，以虚心纳谏的态度，鼓励朝野人士敢言直谏。孝宗在位共 18 年，旧史上对其多有誉语。有的甚至将他和汉文帝、宋仁宗相提并论。还有的说，明代皇帝中，除太祖、成祖之外，只有仁宗、宣宗和孝宗还值得称道。故而对明孝宗冠以“中兴之令主”的称号。的确，弘治年间是明代中叶政治上一个相对稳定的重要时期，称之为“弘治中兴”，实在不无几分道理。

然而，好景不长，这种“中兴”气象随着孝宗的去世很快就消失了。弘治十八年（1505 年）五月，孝宗死去，朱厚照即皇帝位，以次年为正德元年（1506 年），为明武宗，开始了长达 16 年的腐朽统治。

武宗在明代诸帝中以腐朽荒唐著称，其人“嗜酒而荒其志，好勇而轻其身”，整日不问政事，宠信太监，亲近佞臣。这位荒淫无道的昏君，游幸无度，穷奢极欲，在位 16 年，一次也没有召见过大臣。还嫌宫中生活单调，多次外出巡游，沿途抢掠妇女，纵情于声色犬马，大权则落入司礼监太监刘瑾之手。当时，刘瑾权势煊赫，人称“刘皇帝”。他所提督的特务机关内行厂以及东、西二厂，专制骄横，残酷勒索，陷害忠良，凌辱百姓，形成了黑暗不堪的恐怖统治，朝野上下怨声载道。刘瑾的专权在明代宦官中相当出名，这使得本已十分严重的宦官专政局势进一步恶化，朝政更趋腐败，社会矛盾日益尖锐，农民起义愈来愈多。据统计，自正统至正德年间，其中尤以正统末年、成化前期和正德时期最为集中。前后相继爆发了叶宗留、邓茂七、刘通、李原和刘六刘七起义。与此同时，周边的鞑靼、瓦剌军事集团也屡扰边关，侵入长城以内，对国家的安危构成了威胁，使得明朝陷入内外交困的境地。

正德十六年（1521 年）三月，武宗结束了他荒淫腐朽的一生。因没有儿子，由皇太后张氏和内阁首辅杨廷和定策，以武宗遗诏的名义，召兴献王的世子朱厚熜入继皇位，这便是在位时间长达 45 年的明世宗。嘉靖初年，世宗因杨廷和的拥戴之功，即位后便命他组阁执政。杨廷和鉴于武宗朝的弊政，锐意求治，起衰振隳，斥逐了武宗的旧宠佞幸，并推行了部分改良措施，多少缓和了嘉靖初年的社会矛盾。为此，世宗甚至也被时人誉作“中兴圣祖”。然而，没过多久，杨廷和却因“大礼仪”之争而遭贬职。此后，世宗也很快失去了勤政的热情，嘉靖朝再次陷入弊窦丛生的局面。世宗深居内宫，潜心修炼，沉湎于方士巫术，妄想成仙得道，长生不老，以永享荣华富贵。对于朝臣，他刚愎自用，动辄刑戮相加；为人又好虚荣，特别喜欢臣下的阿谀奉承和歌功颂德。他为了与内阁对抗，在朝臣中扶植亲信势力，形成了新的外廷中心，客观上为臣下拉帮结派、相互攻讦提供了滋生的土壤。从此，士大夫朋党习气日益深重，遂至牢不可破。当时，朝臣争夺首辅的斗争非常激烈，首辅之争充满着血腥的倾轧和暗算，使得朝政经常处于混乱无序的状态。特别是严嵩担任内阁首辅期间，不遗余力地网罗亲信，“文武将吏，尽出其门”，“宾客满朝班，亲姻尽朱紫”。严嵩竭力排斥、打击异己势力，大肆招财纳贿，从而造成嘉靖朝政治腐败、边防空虚的局面。此后，从嘉靖到万历初的半个世纪里，明王朝面临着内忧外患的各种社会问题。其中，东南沿海倭寇的频繁侵扰，形成了日益严重的倭患；而西北沿边则受到蒙古贵族俺答的多次入掠，特别是嘉靖二十九年（1550 年）的“庚戌之变”，即大将军仇鸾徒拥重兵、与俺答骑兵相遇惨遭大败的事件，充分暴露了大明王朝军事上的虚弱，也反映了嘉靖朝严嵩专权的祸害。政治的腐败，直接导致了财政状况的急剧恶化。嘉靖四十四年（1565 年），户部主事海瑞冒死上《治安疏》，他引用当时人们对世宗年号“嘉靖”的解释——

"'嘉'者，家也；'靖'者，尽也。'嘉靖'的意思是说'家家皆净而无财用。'"这确实是当时情形的真实写照。

嘉靖四十五年（1566年），世宗去世，其第三子朱载垕即位，改元隆庆，此即明穆宗。穆宗在位6年，锦衣玉食，大肆挥霍浪费，财政危机日趋严重。他从不省览章奏，上朝时往往听任群臣争议，自己则不发一语，故而朝政实权落到了内阁首辅身上，争夺首辅的斗争愈趋激烈。先前在阁辅争权中取代了严嵩的徐阶，此时又为阁臣高拱所倾倒。神宗即位后，高拱和张居正同为顾命大臣，张居正联络司礼监冯保，权倾高拱，从而结束了历时久远的内阁纷争。

明神宗朱翊钧即位之初，还是个十龄幼童，对张居正颇存敬畏之心，凡事言听计从。后者在皇太后、冯保等人的支持下，大权独揽，成为明朝历史上最有权势的内阁首辅。张居正担任阁辅10年，在政治、军事、经济和文化诸方面，进行了多项重大的改革。其中，万历九年（1581年）在全国推行的"一条鞭"法，将赋税、徭役和杂税合而为一，按亩征收银两，田赋由征收实物改为征银，是中国赋役制度史上的一次重大改革。此次改革，一般看作是明代中期的下限。万历十年（1582年）张居正去世，当时神宗已年满20岁。摆脱了首辅掣肘之后的神宗，不问政事，纵情声色。他信任太监张诚，宠爱郑贵妃，生活上日趋淫靡腐化。万历十四年（1586年）下半年以后，他竟以"龙体欠安"为名长期怠政。在近半个世纪的统治中，仅于万历后期上朝过一次。此外，他不面见大臣商议国事，不亲祭太庙，不搞经筵日讲，不及时处理大臣的奏疏。这些，都使得明朝官吏的任免，处于半停滞的状态，在职的官吏不能得到正常的升迁，空缺的职位难以及时补充。以万历二十六年（1598 年）的员缺情况为例，原定南、北两京应设尚书、都御史 14 员，当时却仅有 6 员。侍郎、卿寺之职也都大半空缺，御史、给事中等官甚至不到原额的 1/10。这种政事荒殆的结果，使得晚明的官僚机构近于瘫痪。与此同时，神宗怠于政事却勤于搜刮，他好货成癖，贪得无厌，拼命追求财货，对城市工商业的掠夺在明代历史上可谓空前绝后。从万历二十四年（1596 年）起，神宗派出大批宦官充任矿监税使，在全国各大城市以征商、开矿为名，肆无忌惮地掠夺民间的金银。这些宦官往往以开矿为名，强占土地，巧立商税名目，横征暴敛。他们豢养的地痞流氓常常直入民家，奸污妇女，甚至随意捕杀人民，严重摧残了江南新兴的商业和手工业，使得万历年间的社会经济急遽凋敝。为此，全国的许多城镇都曾掀起过反矿监、税使的斗争。另外，神宗往往不顾封建统治规范任意行事，从而遭到敢言直谏的朝臣的反对，朝野上下因皇帝怠政，缺少一个强有力的权力中心，故而分成派别进一步争斗不已，逐渐形成了东林党和宣、昆、齐、楚、浙各党，从而酿成了万历以来激烈的党争。党争首先开始于“争国本”。万历二十一年（1593 年），发生皇位继承的危机，万历皇帝意欲立郑贵妃之子朱常洵为太子。对此，一些大臣曲意奉迎，而以顾宪成为首的一些官僚，则坚决主张应立万历皇帝长子朱常洛为太子。由于太子是皇位的继承人，故称为“国本”。对立的双方交章攻讦，朝臣中朋党林立，朝政日趋窳败，政治衰象迭现。对此，清代史学家谷应泰说过：“万历朝已处于土崩瓦解的状态。当时，百姓流亡，政治混乱，没有亡国，已是相当幸运的了。”

三

神宗病死于万历四十八年（1620年）七月。八月，太子朱常洛即位，改元泰昌，是为明光宗。光宗执政月余，又死，其子朱由校即位，是为明熹宗，改次年为天启元年（1621年）。光、熹时期，大臣之间的党派纷争仍在继续，朝野上下的精力，主要消磨在无休止的门户之争中。熹宗年少，对朝政漠不关心，却喜欢建造房屋，他常亲自操斧锯凿削，乐此不疲。据说，他所做木工活的水平，连能工巧匠都难以比拟。以魏忠贤为首的阉党，往往在他营造正酣之际，从旁传奏文书。熹宗漫不经心地奏听完毕，总是随口答曰："你们用心行去，我知道了。"于是，"大柄已移太阿倒"，魏忠贤等人便操纵如意，在朝廷上为所欲为，从而加剧了晚明政局的腐败。对此，后人有一首《明代杂事诗》这样写道：

殿阁楼台信手为，
宵衣旰食斗新奇。
戗金铁柄双龙斧，
斫尽金瓯总不知。

帝王的不问政事，给魏忠贤专权创造了条件。他屡兴大狱，颁布《三朝要典》等，力图将东林党人一网打尽。此后，朝政在魏忠贤的主持下，更加混乱和恶化。

天启之后朱由检即位，是为明思宗，年号崇祯。即位伊始，他便果断地铲除了魏忠贤的阉党势力，重新召用一些有声望的东林党人和不依附阉党的官僚，朝政一度颇有起色。不过，崇祯为人喜好虚荣，刚愎自用，时过不久便重蹈覆辙，使得阉党势力与东林党人之间的门户之争再度激化，朋党纷争局面一直延续到了明朝灭亡。

就在明王朝国势日趋衰颓，朝野上下一片混争声中，崇祯朝的社会矛盾和内忧外患更趋剧烈。早在万历四十四年（1616年），东北女真族崛起，在建州左卫都督努尔哈赤的领导下，逐步壮大起来，建立了大金政权（史称“后金”），虎视眈眈，成为明朝东北边境的严重威胁。在这种大敌当前、边患紧迫的形势下，明朝内部的党争仍然是无休无止。为了筹措与“后金”战争的费用，国力凋敝的明朝政府向民间残酷榨取，加派“辽饷”。当时，强加在农民头上的赋役本已相当严重，加派自然引起百姓的强烈不满，农民的反抗斗争此起彼伏。为了镇压农民的反抗，政府又相继加派了“剿饷”和“练饷”，与先前的“辽饷”，合称为“三饷”。“三饷”大大加重了百姓的负担，赋税苛重，再加上当时连年灾荒，天灾人祸纷至沓来，交相为虐，以致民不堪命，怨声四起。明熹宗天启七年（1627年），陕西灾情严重，农民颗粒无收。在饥民王二的鼓动下，首先揭竿而起，拉开了明末农民战争的序幕。此后，到了崇祯朝便迅速形成燎原之势。起义军在李自成、张献忠等人的领导下，转战中原各地，沉重地打击了明朝统治者。特别是李自成，提出了“均田免赋”的口号，当时流传的歌谣道：“吃他娘，穿他娘，大家开门迎闯王，闯王来了不纳粮。”显然，“均田免赋”是顺应民心的口号，使得李自成在短短的两年时间内，便发展到了百万之众。崇祯十六年（1643年），李自成于襄阳称新顺王，建百官之属。继而破潼关，进取西安。次年，李自成攻占北京，崇祯皇帝吊死在煤山，明朝宣告灭亡。至此，统治中国长达276年的朱明王朝垮台了。

明亡后，其残余力量先后在南方建立了福王弘光政权、唐王隆武政权、鲁王政权、唐王绍武政权、桂王永乐政权和韩王定武政权，史称“南明”。不过，“南朝天子原风流，玉树后庭还相侔。”它们完全继承了明朝政府的丑恶腐败传统，内部纷争严重，政治腐朽不堪。譬如，弘光皇帝成天在深宫里纵情声色，他所关心的不外乎是梨园弟子殊少佳丽，而对国事不闻不问。在他常住的宫殿里，竟有这样一副对联：“万事何如杯在手，百年几见月当头。”故而有人形容他们是“清歌漏舟之中，痛饮焚屋之内”。这样的一些政权，又岂是八旗骁骑的对手？

就在明朝灭亡前后，明宁远总兵吴三桂投靠清朝，引导清兵入关。李自成迎战失利，撤出北京，转战西北。清朝为夺取全国政权，先后对农民义军、南明小朝廷和台湾郑氏势力进行军事镇压，最终统一了中国，完成了明清鼎革的过程。

胡蓝之狱、封建藩王
明初措施的得失

一天，朱元璋将一根棘杖掷在地上，让太子朱标拾起，性格柔弱的朱标面有难色，不知所措。朱元璋和颜悦色地开导说：“你怕刺不敢拿，我替你把这些刺拔掉，然后再交给你，岂不更好？！”朱元璋的心腹之“刺”就是那些曾为明王朝立下汗马功劳的权臣勋贵们。

明太祖朱元璋非常喜欢阅读史籍，在他的生活阅历中，史书有着直接的借鉴作用，它给了朱元璋不少历代兴衰的启示。

早在大明王朝建国之前的龙凤十一年（1365年）。某日，朱元璋阅读《宋史》，当读到赵普建议宋太祖“杯酒释兵权”时，不禁击节叹赏。他深为感慨地对一旁的起居注官詹同说道：

> （赵）普确实是位贤相，倘若诸位将领不早日交出兵权，那么，宋朝的天下，未必就不会像五代那样动荡不安了！

在历史上，开国将领往往居功自傲，甚至功高震主。如何处置这批人，一直是历代帝王的一块心病。宋太祖的“杯酒释兵权”，不仅消除了悍军骁将拥兵自重、飞扬跋扈的危险，而且还让那些与自己出生入死的功臣元勋得以优游林下，颐养天年。这是成功处理君臣关系的一个范例。不过，处置开国功臣还有另外一类的方略，那就像中国古代的一句警语所云：“飞鸟尽而良弓藏，狡兔死而走狗烹。”这一方略的出现，远在“杯酒释兵权”之前，在历史上也不乏先例。例如，春秋时期越国的大夫文种，西汉的韩信，都为这句警语做了不幸的注脚。朱元璋以一介布衣起事，平生对汉高祖刘邦极为佩服，故而史学家历来就有“明（太）祖行事多仿（效）汉高（祖）”的说法。只是刘邦诛杀的“走狗”毕竟还相当有限，仅止于韩信、彭越和英布等几位“功高震主”的将领，而朱元璋则大开杀戒，将开国功臣杀戮殆尽。

事情得从明代开国前后谈起。公元 1368 年，朱元璋即位，建都南京，国号大明，年号“洪武”，史称“明太祖”。朱元璋起自淮西，和他出生入死、开国平天下的，绝大多数都出自濠州及其附近地区。其中，开国元勋汤和、周德兴等人还是他的同乡。这些文人武夫或运筹帷幄，或驰逐疆场，为大明江山的奠定立下了汗马功劳。开国之后，朱元璋论功行赏，这些人无不膺有公侯之封。其中，较为著名的有“六国公”“二十八侯”。特别是韩国公李善长、魏国公徐达等人，地位更是尊崇。这些人以乡土、宗亲和部属关系为纽带，结成了一个盘根错节的淮西朋党集团。所谓“马上短衣多楚客，城中高髻半淮人”，就是当时情形的真实写照。

淮西朋党集团中的许多人，官封公侯，爵显禄厚，并经常得到朱元璋赏赐的田地、第宅、畜产甚至人户。然而，这些功勋卓著的公侯之家，并不满足于既得的利益，而是千方百计地扩大已有的特权。他们倚仗权势，侵夺广大百姓的田地、房屋和牲畜，或者强占官地，接受无赖小民的投献。在钦赐的佃田人户和仪仗户之外，还广蓄部曲，私养庄奴，并擅自使役官军，甚至让他们坐贾行商，为自己牟取暴利。这些新贵自恃开国功高，不仅自己骄横跋扈，而且还放纵门下的悍仆豪奴凌暴乡里，鱼肉百姓。对此，朱元璋深感不安。他曾颁发敕令文告，一再告诫功臣不要居功自傲、飞扬跋扈，并将约束的条例铸成铁榜，表示若有违犯，必将严惩不贷。例如，洪武五年（1372 年），朱元璋就曾颁布《申戒公侯铁榜文》；十三年（1380 年）六月，颁布《臣戒录》；十九年（1386 年）十月，颁布《至戒录》；二十一年（1388 年）七月，又颁布了《大诰武臣》；二十六年（1393 年）三月，再次颁布《稽制录》。……然而，三令五申，并未能完全制止公侯元勋的横行。

明初的君权与相权之间的剧烈冲突，更激化了统治集团内部的矛盾，由此引发了胡惟庸案和蓝玉案。

洪武六年（1373 年），淮西朋党集团的领袖李善长推荐其同乡兼姻亲胡惟庸担任右丞相。洪武十年（1377 年）九月，胡惟庸升任左丞相。他做了 7 年丞相，任期内在朝中遍植朋党，不遗余力地打击异己，使得淮西朋党集团的势力不断膨胀。譬如，浙江青田人刘基（字伯温），曾辅佐朱元璋，立下过汗马功劳，但由于他与淮西朋党集团的矛盾，一直未受重用。洪武三年（1370 年），朱元璋大封功臣，刘基仅封为诚意伯，岁禄只有 240 石。而李善长则功封韩国公，岁禄 4000 石。翌年，刘基告老还乡。然而，由于他曾对朱元璋说过胡惟庸不宜入相的话，故而深受后者的嫉恨，被借故革去岁禄。洪武八年（1375年），刘基生病，胡惟庸派医生前去看望，但刘基服药后不久便一命归西。对此，朱元璋后来断言道："刘伯温他在这里，满朝都是（胡）党，只是他一个不从，吃他每（们）蛊了。"蛊，相传是一种由人工培养而成的毒虫，这里指下毒。显然，刘伯温是遭到胡惟庸的毒手而命归黄泉的。当然，排斥异己还不是胡惟庸案的关键所在。

事实上，胡惟庸案的症结在于——他为人过于独断专行，许多生杀黜陟等重大事件，他往往不向朱元璋请示，就擅自加以处理。这自然让权力欲极强的朱元璋，深感宰相专权、皇权旁落的危机。朱元璋曾总结历史教训：

> 自从秦朝设立丞相一职以后，辅臣狐假虎威，宰相权重，于是出现了"指鹿为马"那样的事情。自秦以下的历代帝王，均不曾借鉴秦朝设相的危害，而是相继沿袭未改，从而对君王的统治构成了威胁，其原因就在于丞相的擅专威福。

对此，朱元璋积极采取裁抑相权的措施。如在洪武十一年（1378年），就曾下令臣下奏事，此后无须通过中书省，而应径直禀报皇帝本人。然而，胡惟庸擅权的局面并没有因此得以彻底解决。洪武十二年（1379年）九月，占城来贡，胡惟庸和当时的右丞相汪广洋等人匿而不奏，结果被太监告发。明太祖闻知勃然大怒，严词斥责省臣。但胡惟庸和汪广洋将责任推到礼部头上，而礼部则反唇相诘，归咎于中书省。这种相互推诿扯皮，使得朱元璋更为恼火，于是将一干人等全部囚禁起来，让他们招出主谋。不久，汪广洋被处死。接着又以汪广洋曾违法纳没官妇女为妾，下令查究胡惟庸及其六部堂属的罪行。至此，明太祖与胡惟庸朋党的矛盾已趋于白热化。

洪武十三年（1380 年），涂节自首上告胡惟庸谋反。明太祖随即下令逮捕胡惟庸、陈宁和涂节等人，并以“擅权枉法”罪加以处死。胡惟庸被杀后，此案并未了结，他的罪名也在不断升级。开始只是说胡惟庸“擅权植党”，后来，又加上了“通倭”“通虏”和“谋反”等罪名，并不断牵连、扩大化。该案的同谋犯越查越多，牵涉的面也愈来愈广，株连蔓引，持续了数年也未能了结。洪武二十三年（1390 年），朱元璋再兴大狱，有《昭示奸党录》布告天下，乘机又杀了几十家的权臣勋贵。李善长、陆仲亨、唐胜宗、费聚、赵庸、黄彬、陆聚、金朝兴、叶升、毛麒、李伯升和丁玉等人，都因与胡惟庸有勾结而被处死。其中位居“勋臣第一”的太师韩国公李善长，在洪武十三年胡惟庸案始发时，因是元勋皇亲，已免于追究，但 10 年以后，有人以李善长的侄子系胡惟庸的侄女婿，两家往来密切，因而告发李善长与胡惟庸共同谋反，朱元璋顺水推舟，将李善长一家七十余口一律处斩。对此，清人所作的一首《明乐府》这样写道：

李太师，佐命勋，
当日论功称首臣。
胡为身蹈诛夷罪，
毋乃耄荒辜帝恩。
李太师，起刀笔，
虽乏经国才，宁少谋身术。

官为太师爵国公，
富贵谁能逾此翁。
纵使惟庸改玉步，
更有何官加尔躬。
人生富贵思保身，
年高更念子若孙。
太师生平素畏祸，
何至乘危求灭门。
又况事发十年后，
罗织岂乏仇人口。
一家供状二百纸，
将毋逼勒刑官手。
开国元勋犹若斯，
坐令圣代少光辉。
乃知萧何下狱寻常事，
汉祖何为尚见嗤！

这首新乐府认为，李善长被处死完全是一桩冤案。其实，早在李善长死后的第二年，虞部侍郎王国用就曾上书为之辩冤，认为李善长“谋反”的罪名难以成立，他指出——李善长与朱元璋同心协力，出生入死开国平天下，功居勋臣第一，生得封公，死得封王。他的儿子李祺被朱元璋招为驸马，众多的亲戚也纷纷拜官封爵。作为一位人臣，他已安享了万全富贵，其荣誉已臻于极致，绝不会冒险谋反以图侥幸。再者说来，倘若有人说他要图谋不轨，自立为帝，这一罪名或许还能成立；但现在竟说他要襄助胡惟庸谋反，则大谬不然。李善长与胡惟庸只是侄儿、侄女辈的亲家，而与朱元璋却是儿女亲家。不仅两家的亲疏不可同日而语，而且，即使李善长帮助胡惟庸谋反成功，他至多也不过仍是个“勋臣第一”罢了，其地位绝对不会比他在朱元璋手下更高。王国用的这些话说得句句在理，连朱元璋也被驳得哑口无言。其实，朱元璋并不是不清楚这一点。他只是利用胡惟庸案大做文章，给自己杀戮功臣制造借口。他以镇压奸党为名，趁机对那些骄横跋扈的文武官员加以整肃，凡是被罗织为胡党的官员，大多被抄家灭族。整个胡案历时约 10 年，总计杀了 3 万多人。

洪武二十六年（1393 年），朱元璋又以谋反的罪名，诛杀了大将军蓝玉。蓝玉是洪武时期的主要将领之一，洪武二十一年（1388 年），他率 15 万大军出塞追击蒙古军队，直到捕鱼儿海，俘获男女 7.7 万人，大胜而归。此后，他又多次北征蒙古，立下赫赫战功，被晋封为凉国公，位居大将军之职。蓝玉统兵多年，在军中颇有威望。在蓝玉麾下有骁将十余员，个个勇猛善战。以一介武夫起家的朱元璋，原本就最忌武人拥兵。而蓝玉却自恃功高势大，骄横不法。在军中，他擅自黜陟将校，进止自专，甚至不听君命。某次北征还师，夜扣喜峰关，关吏没有及时接纳，蓝玉就纵兵毁关强行进入，这一举动显然引起了朱元璋的猜忌。在地方上，蓝玉霸占东昌民田，私蓄奴婢，纵奴作恶乡里。此事后为御史举劾，但蓝玉竟怒逐御史。他还让家人私买云南盐 1 万余引（每引 200 斤或 400 斤），进行走私。又因奏请多未采纳，一直对朱元璋心怀不满。这些做法，终于让朱元璋动了杀心。洪武二十六年，锦衣卫指挥蒋瓛告发蓝玉谋反，朱元璋就将他处斩，并族诛了三族。平时与蓝玉关系莫逆的许多将校，也都被定为“逆党”，遭到了抄家灭族的下场。当时因这个案件而被诛杀者多达 1.5 万人，军中的骁勇将领差不多都被杀戮殆尽。在历史上，通常将胡惟庸案和蓝玉案合称为“胡蓝之狱”。朱元璋借蓝玉案彻底铲除了将权对皇权的潜在威胁，将军权牢牢地控制在自己的手中。随后，他分大都督为左、右、前、后、中五军都督府，与兵部相互制约，以分其权。五军都督府只管军籍和军政，不能直接指挥军队。只有到战时才由皇帝临时任命总兵官，战后总兵官须立即归还将印，所统军队则归驻其原来卫所。从此，诸将奉命唯谨，军权皆出于朝廷，不敢有所专擅。

除“胡蓝之狱”外，朱元璋又以各种罪名诛杀功臣。朱亮祖、胡美、周德兴、王弼、谢成、傅友德和冯胜等人，都先后被明太祖所杀。在淮西朋党集团中，常遇春、胡大海等人在开国之前就已经死去。地位较高的，还剩下徐达和汤和二人。据稗史笔记记载，徐达暮年曾患重病，背部生疽，病愈后医生千叮万嘱，说此病忌食蒸鹅，吃了病会复发，一发便无可救药。洪武十八年（1385 年），明太祖因念及功臣，派内监赐食给徐达，所赐的竟然是只全鹅。徐达明知朱元璋的用心，但君命难违，只得淌着泪水当着使臣的面吃下，果然，没过几天便一命呜呼了。另一位功臣汤和与朱元璋是同村人，小时两人曾一道放过牛，他自然最了解朱元璋的心曲隐微。于是，就主动交出兵权，告老回乡。朱元璋大喜过望，立刻派人到凤阳为他修建府第，厚赐田宅。明初功臣宿将得以善终者寥寥无几，汤和，便是其中幸运的一位。

“胡蓝之狱”等大案前后达十几年，诛杀元勋宿将 4.5 万余人，将淮西朋党集团的势力根除殆尽。及至洪武末年，开国公侯勋戚所剩无几，曾经煊赫一时的淮西朋党集团，从此退出了明初的政治舞台。对于朱元璋残酷杀戮功臣的行为，历来有许多人发表过意见。清人赵翼就认为：

> （朱元璋）借助诸位功臣之力以取天下，及至天下既定，即将辅助夺取天下之人悉数诛杀，其残忍的程度实千古所未有！

赵翼所言自然是事实。不过，我们也应当看到，明太祖镇压淮西新贵势力，解除了对皇权的威胁，在当时的历史条件下，也是完全必要的。它极大地稳定了明初的局势，使得明代新近确立的政治体制得以顺利延续。对此，明太祖与其太子朱标的一段故事颇耐人寻味——朱元璋迭兴大狱，诛杀元勋功臣，太子以为株连过滥。他劝谏道：“陛下杀人太滥，恐伤和气！”朱元璋闻言默不作声。翌日，他故意将一根棘杖丢在地上，让朱标拾起，朱标面有难色。朱元璋便不失时机地开导说：“你怕刺不敢拿，我替你将这些刺拔掉，然后再交给你，岂不更好！”显然，将棘杖上的刺拔掉，一直是朱元璋蕴藏在心底的隐衷：在他看来，太子朱标生性过于懦弱，自己死后未必能镇得住那些元勋宿将，故而有必要在自己生前解决这一难题，消除他们发动军事叛乱的威胁，以让朱标稳坐皇帝宝座。当然，朱元璋将“胡蓝之狱”作为实行专制独裁、排斥异己的正当理由，也使得明初的君臣关系大为紧张。大批的诛杀，让朝廷上下的文武官吏人人自危。据说，当时的京官在每天早晨入朝之前，总要与妻儿诀别，交代后事。及至傍晚平安归来，便阖家庆幸，以为又多活了一天。大兴“胡蓝之狱”，也使得朝廷的元气大受损伤，造成了朝廷将才的极度缺乏以及中央军事实力的削弱，客观上形成了中央与藩王军事实力对比上的不平衡。建文年间当“靖难之役”突发之时，明惠帝几乎找不到合适的统兵之将，“蜀中无大将，廖化当先锋”，年逾花甲的耿炳文率师迎战，屡屡败绩。于是，明初的政局发生了戏剧性的变化。

朱元璋在大兴党狱、剪除功臣势力的同时，又将自己的儿子封为藩王，企图依靠封建藩王保持政权的长治久安。他分封诸子为藩王，主要是捍御外患，襄辅王室。对于前者，当时边防的重点在于对付北元蒙古势力，故而沿着长城内外，明初择其险要之区分封了 9 个藩王。其他分封内地的藩王，则分驻各省要冲，世袭镇守。他虽然对藩王也做了不治民事、不授封土等等限制，但他惑于封藩能收到羽翼朝廷、巩固边防的作用，便日益加重藩王的权力。在政治上授予藩王自置官属及移文朝廷索取奸臣的权力，甚至出兵“清君侧”的特权；经济上赐给他们大量良田与巨额禄米；军事上则拥有护卫甲士，少则三千，多则数万。随着诸王权势的膨胀，与中央政府的离心力愈来愈大。及至朱元璋一死，由分封制种下的恶果，随即使得中央集权与地方分权的矛盾由隐蔽转为公开。在他死后不久，就发生了“靖难之役”。夺取建文帝皇位的不是朱元璋先前耿耿于怀的功臣宿将，而是他亲自培植起来的藩王，这是“雄猜好杀”的朱元璋所始料未及的。

人皮草囊的警示
朱元璋惩治贪污

据说，洪武时期的大臣在每天早朝前，定要与妻子诀别，安排好后事，犹如上法场一般，意谓此去凶多吉少。下朝后阖家欢悦，庆贺又活过一天，真是“度日如年”。有经验的大臣都知道，上朝时朱元璋将玉带高抬在胸前，即表示心境平和，不会轻开杀戒。如果将玉带按于腹下，肯定怒火中烧，当朝必有不少人难逃杀身之祸。生活在当代社会的人们恐怕永远也难以体味“伴君如伴虎”的悲凉！

清代学者赵翼在其《廿二史札记》中有《朱元璋重惩贪吏》一节，其中转引明人笔记《草木子》的内容，特别讲到明太祖朱元璋将剥皮作为惩办贪官的重要刑法之一。朱元璋为整肃吏治，杜绝贪污，鼓励平民百姓申诉揭发。凡查实贪污款额在白银60两以上者，枭首示众之后，仍要剥下其皮，填充干草，制成人皮草囊，挂在公堂之上，以起到触目惊心的效果。

在各个地方衙门的左侧，修筑一座庙宇，一方面祭祀土地神，一方面作为剥取人皮的专门场所，号称“皮场庙”。

数百年之后，我们仍不难想见，当年在人皮草囊相伴下明朝官员的惊恐心境。贪污腐化固然十分可恶，但这种剥皮的惩治手段恐怕也是空前绝后的。这大概是历代惩办贪吏的一个最极端的表现，这种过激方式的出现并不是偶然的，朱元璋对贪吏的切齿痛恨与其本人的阅历分不开。

创立元朝的蒙古人武功之盛可谓超迈古今，他们横扫亚欧大陆，建立起疆域空前的大帝国。元朝建立后，也许是出于对自己武力的过分自信，蒙古族统治者忽视了征服与治理之间的天壤之别，“以马上得之，又以马上治之”，其固有的社会组织根本不适应新形势的需要，同时又不注意建立与健全相应的制度与机构，由此导致统治秩序的脆弱与紊乱。在元世祖忽必烈死后，政治危机时常将帝国推向风雨飘摇、动荡不宁的境地。最突出又最激烈的冲突便是皇位之争。蒙古族与色目大臣拥有兵权，公然参与皇位之争，互相屠戮，混战不休。据粗略统计，从忽必烈去世到元顺帝即位，在40年的时间里，有10位皇帝走马灯似的粉墨登基。这种兵戎相见的皇族恶战，对元朝统治秩序及社会伦理产生了极其恶劣的影响。皇位往往被称为“国本”，也就是保证封建王朝正常运转的轴心，对皇帝的忠诚与尽职尽责又是封建社会伦理道德的基石。皇位缺乏稳定性，必然导致整个社会的躁动不安。与此同时，挥霍奢侈之风在元朝皇室及贵族中间盛行，其程度达到骇人听闻的地步。

元朝最高统治集团的内讧和肆意妄为，从根本上决定了元朝官府的风气。元朝政府公开卖官鬻爵，按官位高下各有定价。这些上任的官吏自然将任职作为巧取豪夺的良机，货贿公行，“惘然不知廉耻为何物”。各级官吏巧立名目，公开索要，如下级参拜上司就需交拜见钱，无事白要为撒花钱，逢节则索要追节钱，庆贺生辰则要生日钱等等，名目繁多，不一而足。就连负责纠察百官的肃政廉访司的官员进入衙门后，也根本不问政事与百姓疾苦，只是带着手下检秤地方官员奉送的银两，而奉送的银两数量就直接决定着官员的宦途。官场如同市贩，政治腐败已到了无可救药的地步。

皇族、权贵及各级官吏的挥霍浪费及贪污腐化都是建立在搜刮民脂民膏的基础上，当时有民谣云：

官法滥，刑法重，黎民怨。

人吃人，钞买钞，何曾见！

贼做官，官做贼，混愚贤。

哀哉可怜！

地方官吏满足自己的贪婪及上司的索要，如狼似虎地搜刮民财，敲骨吸髓，无所不用其极，在平民百姓看来，这些冠冕堂皇的官员同那些打家劫舍的强盗一样凶残。层层加码的盘剥与敲诈使亿万平民陷入了水深火热的深渊，明太祖朱元璋就是元朝残暴统治的无数受害者之一。

洪武十一年（1378 年）四月，身为万乘之尊的朱元璋已是苍颜皓首，但依然无法忘却童年悲惨的记忆，特撰《御制皇陵碑》文，真切地记录了他童年的遭遇，这篇自传性质的文献至今读来仍令人心中充满酸楚：

昔我父皇，寓居是方，

农业艰辛，朝夕彷徨。

俄尔天灾流行，眷属罹殃，

皇考终于六十有四，皇妣五十有九而亡。

孟兄先死，合家守丧。

田主德不我顾，呼叱昂昂。

既不与地，邻里惆怅。

忽伊兄之慷慨，惠此黄壤。

殡无棺椁，被体恶裳，

浮掩三尺，奠何肴浆。……

朱元璋出身于贫苦的佃农家庭，一家人终年辛勤劳作，却依然无法摆脱一贫如洗的状况。元朝至正四年（1344年）春，其故乡淮北地区发生严重自然灾害，大旱之后蝗虫又起，加之瘟疫肆虐，朱元璋的父母及长兄相继过世，孤苦伶仃的他找不到一块安葬亲人的墓地。幸得一位好心人慷慨相助，朱元璋才有一片荒地掩埋亲人，但"殡无棺椁，被体恶裳"，草草了事。接踵而至的天灾人祸，使年幼的朱元璋陷入了家破人亡的绝境，万般无奈之下，他与仲兄洒泪而别，各自逃命。为讨得口粮，朱元璋经邻人介绍进入僧庙做杂役。可是时过不久，连寺庙僧众也逃荒而去。孤苦无依的朱元璋只得四处乞讨，尝尽了人生的悲苦与坎坷：

仰穷崖崔嵬而倚碧，听猿啼夜月而凄凉。

魂悠悠而觅父母无有，志落魄而泱佯。

西风鹤唳，俄淅沥以飞霜。

身如蓬逐风而不止，心滚滚乎沸汤……

曾挣扎于死亡线上的朱元璋在经历了这些刻骨铭心的苦难后，对那些只知贪污盘剥、丝毫不体恤百姓的官吏产生了切齿的仇恨。即位之后，朱元璋常常对左右侍臣讲到这一点。他说：从前我在民间，常常看到州县官吏个个贪财好色，日日驰逐饮酒为乐，对百姓疾苦漠不关心，我心里十分痛恨。因此，朱元璋宣布：今创业之初，若不严守法度，革除奸弊，百官定然因循故习，不能振举。今后，凡遇到官吏蠹害黎民者，绝不宽恕。

当然，国君施刑应本之国法，朱元璋也是十分清楚。他很早就重视王朝法制的建设，曾强调“礼法为国家纲纪，礼法立则人心安”，建国之初，此为先务。在统一全国之前，朱元璋就着手各种法规的制订，并谕示群臣：“法贵简当，使人易晓，若条目繁多，或一事两端，可轻可重，吏得因缘为奸，非法意也。夫网密则水无大鱼，法密则国无全民。”朱元璋的这些观点是有着前车之鉴的。元朝官府滥施酷刑，并没能压制住平民反抗的狂潮，也无法挽回覆亡的命运。亲身经历元末农民战争的朱元璋体会颇深。由此可见，朱元璋在建国之初并没有单纯推崇酷刑，而是主张用简明的法律条文治理天下。

然而，客观情况的发展出乎意料，明朝初年，尽管朱元璋三令五申严禁贪残扰民，但各级官吏因循元朝遗习，贪墨之风泛起，作奸犯科之事频频出现，大有屡禁难止之势，人们形容当时的情景为“赃吏贪婪，如蝇蚋之趋朽腐，蝼蚁之慕腥膻”。这使朱元璋极为恼怒。刘辰《国初事迹》曾载：朱元璋于建国之初，编定刑律颁布于各级官衙，谕令遵行，岂料犯法者特别多。朱元璋曾愤愤地说：“我欲铲除天下贪官污吏，奈何朝杀而暮犯。今后犯赃者不分轻重，皆诛之。”素来性格刚断、行事果敢的朱元璋绝对无法容忍这种局面的延续，他公开扬言：

“从吾命者，五福备于身家；不从吾命者，五刑备坐于家身。”出身草莽的朱元璋大开杀戒，一场全国范围内的针对贪官污吏的屠戮拉开了序幕。

明朝初年发生了著名的“四大案”，即洪武十五年（1382年）的“空印案”，十三年（1380年）的胡惟庸谋叛案，十八年（1385年）的郭桓贪污案，二十六年（1393年）的蓝玉谋叛案。胡惟庸与蓝玉案件习称“胡蓝之狱”，是朱元璋滥杀开国功臣的政治案件，而“空印案”与郭桓案则是对涉嫌贪墨官吏的大规模镇压。

“空印案”发生于洪武十五年（1382年）。根据明代的财政制度，每年各个布政使司及下属府州县都要派出审计官吏前往京师户部，核对其所在衙门交纳中央政府的钱粮、军需事宜。在审核过程中，户部常常会发现双方账目不符之处，一旦如此，就要驳回原册，勒令该地计吏重新填报，盖上原衙门的印信，重新上交审批。可是，大多数地方与京师相距遥远，远则六七千里，近亦三四百里。在当时交通条件相当落后的情况下，这种往返会耽误十几天、几十天，甚至几个月的时间。为避免不必要的奔波之苦与时间浪费，各地计吏均带着盖有官印的空白册页，预备遭户部驳回时，遵照户部数额，立即重新填报。这本来是衙门中习以为常的惯例，没想到细心的朱元璋发现后，认为这是各级官吏营私舞弊、欺上瞒下的恶劣行径，立刻勃然大怒：“吏员竟敢如此欺朕耶？户部主事容隐，各省自然胆大妄为。”下令处死户部尚书及各地布政衙门的主印长官，佐官杖一百，发配边地。“空印案”中涉嫌被处死者有数百人，受杖发配者达数千人，一时震动天下。

不过，与发生于洪武十八年（1385年）的郭桓贪污案相比，“空印案”可以说是小巫见大巫。朱元璋十分痛恨不时出现的贪污现象，他主观上判断朝廷中掌管钱谷、刑名等事务的六部，是天下官吏贪污的最主要源头，因此对六部官员倍加提防。郭桓为当时的户部侍郎，1385年，有人揭发他与北平官吏李彧、赵金德等人通同舞弊，吞盗官粮。朱元璋闻之大怒，下令锦衣卫拷讯涉嫌官吏，结果这些人供认：与他们勾结的还有刑部尚书王惠迪、兵部侍郎王志、工部侍郎麦志德等人。据记载，这些人的主要犯罪事实为与十三布政使司盗卖入仓官粮，及接受浙西等府贿赂、卖放秋粮等。对于牵涉面如此广泛的重大案件，朱元璋的处理是十分果决的，六部中凡有官吏与此案有染者，“举部伏诛”，同时，十三布政使司中管理官粮的官吏也尽数斩杀，“系死者数万人”。

执法贵在公正严明，朱元璋提倡“法贵简当”“使民寡过”的立法宗旨并没有在实际中得到运用，就拿上述两大案件来讲，就颇有可议之处，当时已有朝臣提出异议。如宁海人郑士利就对“空印案”提出反驳。郑士利之兄郑士元是一位刚直而有才学的官员，官至湖广按察使佥事。“空印案”事发后，凡各布政使司内主印者皆死，佐官杖后戍边，郑士元也因此同坐入狱。当时朱元璋盛怒之下，诸位谏官都不敢劝解。郑士利因兄长涉案，唯恐被人指为假公济私，故而直到郑士元戍边之后方才上书数千言，申辩“空印案”之冤枉。他在上书中讲道：“陛下追究‘空印案’的原因，大概就是担心奸吏用空印纸为文欺骗百姓。但是，公文转移必须完印方可承认，将两个夹缝印拼合方才有效，即使得到一印一纸也无丝毫的用处。钱谷的数量必经多次核对，在省府核对无误之后，至户部才能最后确定。省府距离京师，远者六七千里，近者也有三四百里，如果在户部核定后，再回本省府加印，如此往返非数年不能完成，因此各府省先加盖印章，至户部再填写数字，这种权宜之计由来已久，并非今日官吏所发明，何足深罪？”

郑士利还进一步强调：

> 国家制定法律条款时，必先明示天下，而后触犯条律者，可明确其为明知故犯。但自我大明开国至今，未尝有惩治“空印”的律条，各级衙门前后相承，不知其为大罪，如今一旦全部诛杀，如何能使受诛者心服？朝廷招求贤士，安置于重要职位，人才难得，而那些位至郡守者，都是数十年所成就的通达廉明之士，非如杂草，可刈而复生也，陛下为何以不足之罪而坏足用之材！臣窃为陛下惜之！

郑士利此疏话语中肯，有理有据，实为发自肺腑之言。没想到朱元璋览后大怒，命御史推问幕后指使者，郑士利慨然一人承当。万幸的是，自感必死的郑士利只是与其兄一道充军发配。

诚如郑士利所云，“空印”一案在定性及量刑诸方面存在的问题是毋庸置疑的。首先，法律是国家赖以维护的纲纪所在，量刑定罪必须以事实为根据，“空印”之事并非完美无缺，但作为体谅下情、提高办事效率之举，为行政部门之惯例，相沿已久，无足厚非。明朝在法例规范之中也并未涉及，此种做法本身并没有触犯律条。朱元璋所怒所疑，乃是这一做法可为下吏贪赃枉法开启方便之门，但这只是一种可能性，定罪必须有相应的犯罪事实，不能以一种“莫须有”的可能性作为定罪的依据。

其次，既然没有明确的犯罪事实，即兴大狱，广事株连就更加背离了法律的公正，大有独断专横、滥发淫威的意味。将各级衙门主印者一概诛杀，佐吏也同时受杖发配，牵连人员达数千人之多，朱元璋的处理可谓不公。显然，虽不能说这些被惩官吏均为清白无辜，但其中蒙受不白之冤者必定大有人在。而且这些人一概被剥夺了申辩的权利，其他朝廷官员畏于朱元璋的淫威，也不敢上言，就连以死上谏的郑士利也被同坐。朱元璋出于对天下贪官污吏的切齿仇恨，决意诛除民害，其本意似无可非议，然而这种一味猜疑、蛮横专断的做法本身就是对王朝法令的破坏，其量刑定罪完全出于皇帝的臆断，将国法置于一边，其结果并没有使人有为国除奸、大快人心的喜悦，相反却令人产生“伴君如伴虎”的畏惧。

如果说对“空印案”的处理有草菅人命之嫌，那么对“郭桓贪污案”的惩治就更让人感到“醉翁之意不在酒”的意味了。《明史·刑法志》在记载郭桓案起因时，曰：“帝（即朱元璋）疑北平二司官吏李彧、赵德利等与郭桓为奸利。”可见，这件涉及全国的重大案件的发案仅仅是出于朱元璋本人的怀疑，然后又依据这些疑犯的交待，广事株连。试想“欲加之罪，何患无辞”，重刑之下，焉有不诬？朱元璋并不追究这些人所述的真伪，便大开杀戒，礼部、刑部、兵部、工部等的官吏，不问青红皂白，“举部伏诛”。

可以想象，“郭桓案”事发后，一时间偌大的官僚机构尽被诛杀一空，其惨况已是不堪入目了，但六部官吏必须与地方官吏携手方能盗卖官粮，因此，天下各级衙门中与钱粮之事有涉者均在劫难逃。朱元璋概不留情，“死徙数万人”，真是血流漂杵，惨不忍睹！显然，这并不像在惩治一起贪污案，而似乎是对天下官吏的一次有预谋的大屠杀。朱元璋还郑重其事地追究被盗卖的官粮，其依据同样是被拘官吏的交待，结果“寄染遍天下”，各地中豪之家皆被牵连，无不倾家荡产，这似乎又是朱元璋对天下富民的一次有预谋的搜刮。

朱元璋对“郭桓案”的审理与处置，不仅罪名“莫须有”，而且与王朝法律条文背道而驰，不可避免地激起了天下民众的不满与愤怒，参与弹劾的御史全敏、丁廷举等人成了朝野谴责的众矢之的，这使得蛮横专断的朱元璋也慌了手脚。为了平息天下人的怨气与不平，他连忙着手挽回局面。他一方面亲自下诏公布郭桓等人的罪状，另一方面将负责审理此案的吴庸等人处以极刑，并宣言道：“朕下诏责令有司诛除奸恶，没想到他们竟做出这等奸扰百姓之事，今后凡有此事发生，遇赦不宥。”他将郭桓一案产生的负面效应完全归咎于办案官吏，其实这一切的主使皆为朱元璋本人。

与朱元璋本人立言与行动自相矛盾一样，有明一代所制订的法律体系也形成自相矛盾的双轨制，一是所谓《大明律》系统，一是所谓《大诰》系统。朱元璋在建国之初，就召集重臣依据唐朝律令制订王朝的新法律，经过反复修订，直到洪武三十年（1397年）才最后正式颁布。《大明律》系统基本反映了朱元璋一贯倡导的“法贵简当、使民寡过”的立法思想。而在《大明律》制订的同时，朱元璋本人亲自审决了大批的案件，包括明初四大案，《大诰》就汇集了朱元璋对这些案件处置过程的详细记录，“颁之臣民，永以为训”，即作为日后官吏量刑定罪的范例，《大诰》于洪武十八年（1385年）颁行，次年又颁布了《大诰续编》《三编》。朱元璋处置的案件大多涉及贪渎，正如同对待“空印案”与郭桓贪污案一样，朱元璋一概从严惩处。据不完全统计，以凌迟、枭首、族诛等处置的就有几千个案件，弃市以下判决的更多达一万多起。

另外，朱元璋在审理过程中所使用的酷刑更是名目繁多，令人心惊胆战，不寒而栗。如断手、剁指、挑筋、刖足、黥面、枷死、剥皮实草等等，不一而足。除了在文章开始引用的赵翼《廿二史札记》所记载的情形外，明人李默在所著《孤树裒谈》中对朱元璋发明的多种酷刑做了相当细致的描述：

> 国朝初年喜用重刑，凌迟处死之外，有“洗刷”，即将裸体置于铁床之上，浇以沸水；有“铁帚”，以铁制扫帚扫去皮肉；有“枭令”，以铁钩钩住犯人后脊悬吊；有“称竿”，即把犯人缚在竿杪之上，似半悬而称之；有“抽肠”，也是把人挂在架上，以钩钩入谷道而出；有“剥皮”，剥赃官贪吏之皮，置公座之侧，令代者见而知儆惩之意。

种种刑罚无奇不有，惨无人道，令人发指。《大明律》明确废除了历代相承的黥、刺、劓、阉等酷刑，而朱元璋发明使用的酷刑要比这些刑罚残虐百倍。大讲“礼法为国之纲纪”的朱元璋，自己的所作所为却率先破坏了国家的法律。以“空印案”与郭桓案为例，朱元璋名义上以惩治贪污为借口，却以证据严重不足的罪责擅兴大狱，拷讯成招，广事株连，不问真伪，充斥着蛮横与强暴，没有丝毫的公正平允可言。

在这样滥施淫威的君主统治下，各级官吏无不战战兢兢，如履薄冰般地度日如年。这种滥施刑罚的恐怖主义的统治方式使绝大多数官员噤若寒蝉，唯恐招来杀身之祸。根据明人笔记的说法，朝堂之上，朱元璋是否下决心大批杀人，是很容易看得出来的。要是这天他揿玉带在肚皮底下，便是大风暴的信号，准有大批官员被杀，满朝官员吓得面无人色，个个发抖；要是这一天，他的玉带高高地贴在胸前，大概杀人就不会多。朱元璋真可谓将中国历史上专制帝王的淫威表现得淋漓尽致，他似乎已不像一位统治天下的君王，倒像一位十足的丧失人性的屠夫，而那些大臣都成了可以任意屠戮的羔羊。偌大的殿堂也就顺理成章地成了血流满地的屠宰场。

当时有人为朱元璋这种滥施酷刑的做法辩护，说宋元中叶统治者专事姑息，赏罚无章，最后导致了国家败亡，因此朱元璋为痛惩其弊，才制定严刑峻法。官任平遥训导的叶伯巨指出："开基之主垂范百世，一举一动都要使子孙有规可守，况且刑者为民之司命，不可不慎。"而正是在朱元璋这种"刑罚己出"的错误导向下，明初案件审理出现特别反常的现象："用刑之际，多裁自圣衷，遂使治狱之吏务趋求意旨，深刻者多功，平反者得罪，欲求狱之平，岂易得哉？"也就是说，正是由于朱元璋不顾具体犯罪事实，对司法审判过多干预，独断专行，致使各级官僚在断案之时一意揣度朱元璋的意旨，务求严苛，以求得朱元璋的欢心而根本不顾是非曲直。如有官吏根据事实平反冤狱，却往往科以"结党营私"的罪名，这怎能保证司法的公正呢？

明初，对朱元璋的酷刑政治最具代表性的评价要算解缙的上疏了。在这篇长达数千言的上疏中，解缙慷慨陈词道：

> 窃臣曾听到过“令数改则民疑，刑太繁则民玩”的古训。我朝开国至今，将近二十载，没有几时不变之法，也没有一日无过之人。

接着，解缙还深入剖析了朱元璋专求苛厉的态度对明朝官吏作风的影响：近年以来，朝廷纲纪不肃，专以审断囚犯多寡为勋劳，根本无助于培养清廉公正的风气。御史纠弹，都是遵承皇帝的密旨，每当听说皇上要有赦宥之令，则必故意争执。以为如此，就更能体现皇恩厚重，这都是小人趋媚效劳之细术，“陛下何不肝胆而镜照之哉？”为了迎合朱元璋严刑峻法的意志，明朝众官都以多拘囚犯作为自己政绩的表现。御史弹劾朝官，都是密承朱元璋的私意。甚至在朱元璋有心宽宥天下罪犯之时，这些官吏百般阻挠，试图以此显示出朱元璋的恩德，博取朱元璋的欢心。长此以往，必然导致“天下官员毫无贤愚之分，只需多拘囚犯即可；犯人进入刑部就无枉直之判，必得从严惩处”的结局，朱元璋的意旨就是国家大法，任喜怒为生杀，官吏专以苛迫为己任，毫无忠奸之辨。

洪武以后，许多后世的士大夫似乎对朱元璋严刑峻法颇多赞许之词，如方孝孺曾描述当时情形云：“郡县之官虽然远在穷山绝塞之地，距离京师万余里外，都悚心震胆，犹如皇帝之神明亲临其庭，不敢稍加放肆。如犯有毫发出乎法度、悖于礼义之事，朝廷定会朝夕之间予以惩办，注重名实辩否，真是前古所未有也。”就连被誉为清官的海瑞也对朱元璋的政绩推崇备至，他曾说：“我太祖高皇帝爱民如子，秉承《周礼》护保黎民如赤子之意旨，对于毫发侵渔百姓者立加惨刑，数十年天下民得安生乐业，可谓千载一时之盛也。”《明史》撰写者们也对当时吏治颇有称道之语：“一时间，天下守令畏惧触犯科条，洁己爱民，吏治焕然大变也！”

从保护天下平民百姓的权益出发，明初严惩贪官污吏种种举措，无可非议，因为它是以维护黎民百姓的利益为出发点的。朱元璋出身贫苦，曾深刻体验到官吏贪暴对百姓的生计与王朝政治的危害，元末农民战争的亲身经历更使他不能坐视官吏的营私舞弊。他万分担心大明王朝的命运，千方百计避免重蹈历史的覆辙，因此他毫不犹豫地打击欺上瞒下的行为，同时为了杀一儆百，不惜施用重刑酷法。总的来说，朱元璋惩治贪官污吏，属于官僚统治阶级集团内部的调整与斗争，对于普通百姓的损害并不十分明显，甚至应该说，具有相当大的积极意义。贪官污吏的收敛无疑是百姓的福音，对贪官污吏财产的剥夺，在一定程度上可以缓解国家财政收支的困窘，减少了对无辜百姓的摊派。

但是，在朱元璋惩治贪污的行动中，矫枉过正的消极影响也是非常严重的。不能否认，朱元璋严刑峻法，大开杀戒，无论对贪官还是清官，震慑力是可想而知的。功高望重的公侯尚且避之犹恐不及，一般官吏更是整日惶恐不安，不知何时大祸临头。表面上看起来，各级官吏都努力廉洁自守，但这种局面是极不正常的，各位官吏每日只担心自己的身家性命，哪还有心思顾及其他？而且动辄得咎，并无申辩的权力，每日生活于恐怖之中，只想到苟延残喘，哪还有心思忠君爱民追求政绩呢？因此，后世士大夫在脱离当时具体环境之后，出于对贪官污吏的痛恨，对朱元璋大加褒美，不免带有强烈的理想色彩。一国之君应倡导各级官吏遵守国家法令，违法者必究，而不能让所有官吏无端受戮，生活于恐怖之中。即使这种恐怖统治可以在一段时间内使国内政治清明平静，但这种清明平静是虚假而可悲的，也是无法长期维持的。

更有甚者，朱元璋在惩治贪污的过程中，往往是亲自审理，对于犯罪事实的判别并不是依据法律条文及事实真相，往往臆度专断，同时随意施以惨刑，其结果屈打成招，广事株连，“锻炼”成狱。这种真伪不分、忠奸不辨的惩办只能使天下百姓对当朝政权感到失望，“法度严而民玩”，“法网密而民不从”，正是说明了这种情况。这又给了那些阿谀奉迎的官吏以随意诬陷、挟仇报复的可乘之机。

由于广事株连，官员动辄得咎，到朱元璋统治后期出现了“才能之士，数年来幸存者百无一二”的局面，也就是说，大批官员被戮，直接影响到国家机器的正常运转。对此，相传刘基等人也婉言上谏“严冬过后，必有阳春”，“诛戮太甚，恐伤和气”，朱元璋本人也明确意识到了这一点，故而在洪武二十八年（1395 年）下令道：

> 朕自起兵至今四十余年，亲理天下庶务，人情善恶真伪，无不涉历。对于奸顽刁诈之徒、情犯深重灼然无疑者，特令法外加刑，意在使人知所警惧，不敢轻易犯法。不过此为力挫奸顽的权宜之计，并非守成之君所用长法。以后嗣君统理天下，谨守《大明律》与《大诰》，不许使用黥、刺、剕、劓、阉割之刑。

“始作俑者，其无后乎？”朱元璋虽然一再告诫后世子孙不得再用惨刑，然而后世君王似乎在他的行为中悟到了更多的东西，这也就是法律条文不过是一种可以任意摆弄的玩偶，惨刑是一种加强淫威的有力手段。可以说，朱元璋的示范作用确实拉开了明朝法制史上滥施惨刑的序幕。如“剥皮实草”的惩治方式就在明朝历史上屡见不鲜，这不能不说是朱元璋首开恶例。明成祖朱棣便是在朱元璋诸子中最能得其父衣钵的一位，他发动“靖难之役”，夺取了其侄建文帝的皇位，使得建文帝下落不明，一批誓死忠于建文帝的大臣不免成为朱棣屠戮的对象。如景清被捕后，傲然挺立，破口大骂朱棣，朱棣命卫士拔其齿，景清且拔且骂，含血直喷到朱棣的衣袍之上。朱棣大怒，命“剥其皮，以草填充，悬挂于长安门之上，碎割其骨肉”。另外一名大臣胡闰也因大骂朱棣，朱棣命手下将他勒死，以灰蠡水浸脱其皮，剥下后，以草填充，悬挂于武功坊。明末魏忠贤专政之时，是宦官擅权，特务政治最为黑暗的时期，魏忠贤为压制天下的不满，同样滥施惨刑。“民间偶语，或触忠贤，辄被擒戮，甚至剥皮断舌，所杀不可胜数”。看来，朱元璋不仅没有成功地解决官吏贪污问题。却为后代树立了滥施惨刑的榜样，更为那些图谋帝王之位的奸恶之徒提供了“宝贵”的经验。

乾纲独断
罢废丞相与内阁制度之确立

在封建社会，君权至高无上，神圣不可侵犯。其实也不尽然，中国历史上君权与相权之争曾长期是庙堂争斗的焦点。权力欲极强的朱元璋断然采取措施，废除了丞相制度，却由此也开启了明朝政治腐败之门。

洪武十三年（1380年），明太祖朱元璋以“擅权枉法”的罪名，诛杀了丞相胡惟庸。随后，他又取消中书省，废除了丞相一职。并且在《祖训》中规定：

> 自古三公论道，六卿分职，并不曾设立丞相。秦朝设置丞相，不旋踵而亡。隋、唐、宋各朝因袭此制，其间虽然不乏贤相，但也多有专权乱政的小人。现在我朝罢除丞相，设立五府六部，彼此相互制约和抗衡，而诸事皆由朝廷总揽。后代子孙做皇帝，都不许再行设立丞相。臣下胆敢奏请设立的，群臣即时劾奏，将犯人凌迟，全家处死。

废除丞相，不仅是有明一代的大事，也是中国政治制度史上一个划时代的重大事件。它表明——中国封建社会中君权与相权之间长期的矛盾斗争，至此告一段落；秦汉以来的宰相制度从此废止，皇帝的权力更大了，君主专制的中央集权制度，从此发展到了一个崭新的阶段。此后，明代以内阁制度取代历朝的丞相制度，事实上反映了我国封建社会后期皇权的高度强化。

从历史上看，自秦始皇统一中国、建立君主专制中央集权的政治制度以后，地方集权于中央，中央集权于皇帝。身居“一人之下，万人之上”的丞相（宰相），历来是辅弼皇帝处理全国政务的最高行政长官。然而，在漫长的历史时期，由于权力分配上的不均，皇权与相权之间始终互为消长，不断发生冲突。这种矛盾、斗争的结果，一方面表现为宰相的“专权”甚至于“篡位改朝”。譬如，霍光、曹操、司马氏父子和桓温等人，就是以相权压倒帝权的典型人物。另一方面，历代有所作为的君主，无不采取措施限制相权的膨胀。伊尹放太甲，成王疑周公，便是极早的例证。自此以后，君、相之间的斗争就始终没有停止过。到明代，作为一代雄猜之主的朱元璋，深感丞相的权力对他的帝业终究是个威胁，于是干脆废除了丞相一职，实际上是以皇帝兼行宰相的职权，成为中国历史上权力最大的君主之一。

在丞相制度废除之前，六部从属于中书省，此后则直接听命于皇帝，并向皇帝负责。明太祖将此前丞相的职权作了重新划分：定制、决策诸大权，收归他本人亲自掌管；实际政务则通过提高六部尚书的职权，交由六部分担。明太祖将中枢机构概括为:“六卿分职，朝廷（皇帝）总揽。”然而，这种划分也随即产生了一个新的矛盾——废除丞相虽然使得朱元璋一人大权独揽，满足了他个人强烈的权力欲，但此后六部处理的政务，事无巨细，最后全都汇总到他的手里。有人做过一个统计，废相之后，以洪武十七年（1384 年）九月十四日到二十一日为例，8 日之间，内外诸司奏札共 1660 份，合计 3291 桩事。换言之，朱元璋每天平均要看 200 个报告，处理 400 多件事情。如此繁多的政务，使得朱元璋即便是精力过人，事必躬亲，也仍然会因应接不暇而心力交瘁。尤其是定制、拟旨、批示等都要笔之于书，写成文件，此类的文书工作，更非一人所能操持应付。故而朱元璋也不得不承认:“朕尝思之，人主以一身统御天下，不可无辅臣。”

为了解决这一新的难题，洪武十三年（1380 年）九月和十五年（1382 年）十一月，独裁勤政的朱元璋先后设置了“四辅官”和“殿阁大学士”，让他们襄助侍从，以备顾问，并协助自己批阅奏章，处理政务。一般认为，殿阁大学士的设立，标志着明代内阁制度的萌发。内阁制度的萌发绝不是偶然的，它是朱元璋大权独揽而又无法不任用辅臣的结果。

明成祖朱棣即位后，为了进一步强化君主专制统治的职能，又挑选了一批翰林入值文渊阁参掌机务。因文渊阁在午门之内的内廷，遂有“内阁”之称。当时，朱棣也是自操威权，而让儒臣侍奉左右出谋划策，以备顾问。

然而，朱棣虽然信用阁臣，但因后者的品秩不高，故而在处理朝政时仍然多有掣肘。有鉴于此，随后的仁、宣时期，就不断提升阁臣的官阶，从而使得内阁权限发展到了一个新的阶段。原先只有五品衔的内阁学士，此时却跻身于公侯尚书之列，内阁势力也因此超过了六部的权力。对此，《明史·七卿年表序》说：

> 明太祖十三年罢丞相，政归六部，（六）部权重也。洪、宣以后，阁体既尊，而权亦渐重，于是（内）阁、（六）部相持。

于是，内阁便从最初的文学侍从机构，逐渐演化成凌驾于府部院寺之上的中枢机关。特别是宣德年间，内阁开始“票拟”。所谓票拟，是指阁臣将处理政事的初步意见拟具成文、奏呈皇帝的工作，这实际上就是掌握了代替皇帝起草批文意见的职权，等于直接参与了国家政事的处理。于是，内阁的权位得以迅速地提高。后人将明代内阁之职比作古之丞相，主要原因就是阁臣主持票拟的缘故。在宣宗朝，由于皇帝的信任，阁臣“三杨”（杨士奇、杨荣、杨溥）所草拟的意见，绝大多数都能很快变成在全国必须遵照的谕旨，当时内阁的票拟制度，有效地加强了中央集权，提高了明王朝国家机器的效能。

随着内阁权势的提高和阁臣品位的尊崇，其内部也发生了变化。内阁大学士多时达六七人，最少也有二三人。仁、宣年间，内阁权力集中在“三杨”手中，其他阁臣的权力不能与之相提并论，明中叶后形成的“首辅”制度，实际上在此时已初见端倪。后来，在主持票拟及处理其他政务时，往往根据阁臣入阁的先后、资历的深浅以及皇帝的旨意等，在阁臣中挑选一人担任内阁首领——首辅，首辅之下为“次辅”或“次揆”，其余的大学士作为他的助手，号称“群辅”，权力远较首辅要小得多。

此时的首辅品位尊崇，与皇帝是近水楼台，权大势重，恍若汉唐时代的宰辅，所以内阁首辅号称“无宰相之名，有宰相之实”。不过，虽然后来在入值阁臣中也曾出现过权力很大、与历代丞相颇为相似的内阁首辅，但明代的内阁制度与先前的丞相制度，毕竟仍有着本质的区别：首先，丞相具有裁决机宜的执行权，遇事可以上奏执行，甚至可以先斩后奏；而内阁辅臣却没有汉唐宰相的实权，事无巨细都要禀承皇帝的旨意，请旨定夺，一切都断自宸衷，遵照他的意见拟具出办法，等被批准之后，才能据以拟旨颁行。换言之，内阁对于朝政国事，并无独立裁决的法权，而是奉诏办事，其职掌实际上并没有超出翰林的职责以外，也从未改变其“侍从左右，以备顾问”的身份。从本质上看，明代的阁臣，事实上还是文学侍从之臣，做着翰林分内应做的事情。丞相拥有法定的权力，而阁臣包括首辅在内，只备皇帝“顾问”，其权力的大小，完全取决于皇帝对他们眷顾的程度，故而明代阁权之轻重大小一直处于飘忽不定之中。其次，在历代中央集权制度下，“统理政务，统率百僚”的丞相是法定的最高行政长官，有自己的相府以及诸多僚属。在明初，丞相府称为中书省，省中有左丞、右丞和参知政事等属官，六部为其直接的下属机构。而内阁则不同，它不是法定的最高行政机构，首辅亦非法定的最高行政长官，六部更不是它法定的直接下属，阁臣的品秩有的甚至比各部尚书还要低。再次，先前的宰相身处一人之下、万人之上，总得位极人臣者方能跻身相位；但阁臣却不一定，起初各类学士的品秩才区区五品，甚至更低。嗣后阁臣体制虽然渐趋尊崇，入阁者往往先是任命为礼部侍郎或尚书，再以兼任 ××

大学士而入预机务，但入阁者品秩不拘这一特点却与明代相始终。此外，丞相历来有着定员定制，而阁臣则无定数。丞相通常是左相、右相各一人，最多时也不过再加上一两个；而阁臣则不然，在明代中后期，其人数少则四五个，多时七八人，最多时竟达十数名。内阁始终不是中央一级正式的行政机构，与六部并没有任何的隶属关系，内阁大学士兼尚书只是虚衔，不许实际掌管六部的事务，内阁并无对部臣发号施令之权，更无直接任免官吏的权限。

从上述丞相制度与内阁制度的比较来看，内阁显然只是皇帝加强专制独裁的工具，它是明朝统治者唯恐皇权旁落并试图解决皇权与相权矛盾的有力措施。明代以内阁制度取代先前的丞相制度，反映了中国封建社会晚期皇权的高度强化。说穿了，明太祖废除丞相制，是想彻底解除相权的威胁，挑选一些既能办事、又少实权的“宫奴”，辅佐他统治整个大明帝国。这种内阁制度，为其后代子孙谨遵勿替，对于有明一代的政治制度产生了深刻的影响。

废除了丞相制，君权与相权之间的矛盾得以基本解决。君权空前膨胀，这对于大明朱氏江山的稳固，自然是极为有利的。揆诸史实，有明一代将近300年的历史中，前后在位的皇帝多达十数名，其中，有好几位是在童年时代便成为九五至尊的，有好几位则多年避居深宫，倦于理事。但尽管如此，君权还是极为牢固，并不曾出现过权倾一朝、觊觎皇位的人物。个中的主要原因，自然与丞相制的废除有着莫大的关系。与君权的空前膨胀相比，阁臣的作为则相形见绌。明代的阁臣绝大多数是由进士而翰林，然后再拜命入阁。这些人的人生道路往往是靠书本铺砌的，一生久在翰苑，舞文弄墨，从总体上看，缺少长袖善舞的政治实践经验。像仁、宣年间的“三杨”和万历朝张居正那样的权臣，毕竟是凤毛麟角。在张居正当朝的时期，内阁权威曾发展到了顶峰，但这个“震主”的权臣却最终祸发身后，惨遭抄家之祸。其他的内阁辅臣大多庸庸碌碌，只知恪守皇明旧章，而极少勇于任事、敢言直谏者。于是，有明一代关于阁辅，出现了许许多多的绰号，如“纸糊三阁老”“万岁阁孝”“刘棉花”“伴食中书”“青词阁老”“土木偶”“魏家阁老”“门生宰相”和“清客宰相”等等。譬如，“纸糊三阁老”之谣，是指成化中后期同值内阁的万安、刘吉和刘珝 3 人。万安是当时的首辅，他是靠巴结宦官养子得以举荐入内阁的。入阁之后，不学无术，日事请托，整日忙于交结诸阉作为内援。成化七年（1471 年），出现彗星，群臣多言此乃君臣之情不通所致，强烈要求宪宗及时召见大臣议政。宪宗畏天命，无奈之余只得面见大学士彭时、商辂和万安诸人。没说几句话，万安就顿首呼“万岁”欲退出。彭时、商辂不得已，也只好叩头而退。对此，中官戏朝臣曰：“你们这些人一直说皇上不召见，等到见面了，却只知高呼万岁罢了。”后人有《万岁阁老》诗曰：

紫微垣旁彗星见，
群臣请对文华殿。
群臣乃受阉宦欺，
情意未洽休尽辞。
一言不合叩头退，
若辈只知呼万岁。

噫吁嘻！

传言绝倒万岁阁老，

安小人不足言，

彭公、商公何草草。

万安诸人见到皇帝，只知高呼万岁。朝野上下一时传为笑谈，谓之“万岁阁老”。万安的同党刘吉，也是锐于营私的小人。此人时常为言路所讦，却从未倒台。居内阁18年，人称“刘棉花”。像这样平庸奸险的小人执政，内阁自然无从发挥应有的作用。万历四十三年（1615年），神宗皇帝召见大学士方德清和吴崇仁。当时，方德清只是叩首唯唯，并无他言，而吴崇仁更是噤若寒蝉。御史刘光复越次进言，万历皇帝勃然大怒，厉声喝令拿下，众太监一拥而上，哄聚殴打刘光复。此事变仓促，吴崇仁惊怖不已，竟至吓得僵卧在地，口吐白沫，便液流溢。万历皇帝回宫后，当数位皂隶将吴崇仁扶起时，却发现这位大学士犹如木偶像，完全失去了知觉。直到几天之后，才恢复了视听感觉。吴崇仁的胆怯，自然是一个极端的例子，但从中我们也可看出内阁大臣对于专制皇帝权威的恐惧。在明代，大多数辅臣虽然还没到吴崇仁那样的地步，但许多人却与另一个大学士方德清的作为颇为类似——见了皇帝只知唯唯诺诺，叩头高呼万岁，成为尸位素餐的“万岁阁老”。更有甚者，则整天迎合帝意，撰写斋醮词文，歌颂天人感应，成为名副其实的“青词宰相”。特别是嘉靖年间，由于皇帝迷信道教，许多阁臣都是以善写青词而得入阁，而入阁后也是专门只写青词，不干别的。清人万斯同有一首《青词相》这样写道：

天子锐意求长年，深居秘殿祠神仙。
一时臣僚争献媚，西苑供奉何荣贵。
撰得青词文句工，富贵即时超侪辈。
君不见夏相当年充西市，颇由青词失帝旨。
又不见严相当年擅国权，实由青词邀帝欢。
神仙之事诚有无，君兮相兮乃争趋。
天下未得神仙力，群公实赖神仙扶。
试观前后诸公辅，谁不由兹登政府？
君臣论相只青词，庙堂衮职更谁补。
噫吁嘻！庙堂衮职更谁补。

诗中的“夏相”“严相”，即嘉靖朝先后以青词而入阁的夏言和严嵩。由此可见，在这种皇权登峰造极的形势下，失去了丞相的辅弼和制约，政治上欲求清明无从谈起。故而明代的皇帝也大多碌碌无为，除了太祖、成祖外，只有宣宗和孝宗，稍为后世所称许，其余的不过是些昏愦无道之主。

“票拟”是内阁的最大权力，而票拟能否被批准，则取决于皇帝的“批朱”。所谓“批朱”，也叫“批红”，是指皇帝根据阁臣的票拟文件，用朱笔批具意见，或是认可，或是批驳，或是指出另外的做法，交回阁中，命其照拟。换言之，票拟只是提出方法和意见，而批朱则是皇帝对内阁所拟意见的裁决，故而处理政务的大权，实际上仍然牢牢地掌握在皇帝的手里。正因为如此，即使是二十余年不视朝的明世宗，也能“张弛操纵，威柄不移”。万历年间范守己就曾说过，他曾在大学士徐阶处看到嘉靖皇帝的谕札和改定的旨草，发现大学士票拟的文件，全都经过嘉靖皇帝的省览改定，有时整个文件甚至被批得体无完肤。即使所拟完全符合帝王的心意，嘉靖也一定要更易数字，以表示自己的“明断”。倘若有不符皇帝旨意的，则驳回再拟。再有不符，则必加申斥，所以内阁辅臣拟旨之后，无不惴惴不安。由此，范守己得出结论说：以往人们认为辅臣拟旨，几乎是执擅国柄，事实则远非如此。

事实上，执笔批朱的往往不是皇帝本人，而是司礼监大太监。内阁在票拟皇帝诏谕时，要依据皇帝口授的命令，即批朱。批朱是由宦官中的秉笔太监，将皇帝口头指示用朱笔记录下来的，因此秉笔太监的权力很大。“口含天宪”的司礼监秉笔太监，根据皇帝的旨意批答臣僚奏章，传谕诏书，在一定程度上成为皇帝的代笔和代言人，这就为宦官借皇权操纵政务提供了方便。与司礼监的这种决策权相比，内阁的票拟不过是供他们参考的建议权。特别是明代中叶以后，皇帝往往深居内宫，不大临朝问政，而将宦官视作心腹，委以重任，故而曾几度出现宦官擅权的局面。内阁票拟也就形同虚设，诏令敕文几乎完全出于内宦之手。宦官专权，是皇帝极端专制独裁的产物。而它之所以专权，是因为其中的司礼监掌管内外奏章文书，并照阁票“批朱”。他们往往倚权仗势，擅自批答和篡改票旨。司礼监有了“批朱”权，便能代替皇帝批示内阁呈进的拟旨，这使得辅臣与司礼监内臣，实际上对立于皇帝宝座的两侧，形成了宫廷与内阁相互制约的局面。司礼监代行“批红”，与其说是让太监代为处理国政，还不如说是利用宦官势力牵制内阁，代表皇权监督和控制内阁的施政活动，以确保皇权不受损害和侵犯。而司礼监抓到了“批朱”权，其权力便延伸到了外廷，影响到了阁臣的职权范围，司礼监往往借此专权乱政，操纵内阁，为所欲为，使自己的特权位居内阁之上。对此，清人赵翼曾评论说："明代首辅权力虽重，而司礼监之权力又在首辅之上。"阁臣为了保官晋秩，往往必须交结太监。例如嘉靖朝"奸相"严嵩的得宠，就与其善交内侍有关。

随着明朝政治的日益腐败，皇权与阁权的矛盾冲突日益尖锐，宦官的权力也急剧膨胀起来。在内阁与宦官的矛盾斗争中，皇帝往往更多地偏袒后者。明武宗就曾明确指责内阁大臣说："天下事哪里都是内官闹砸的？你们阁臣办坏事的十常六七，先生辈应当有自知之明才是。"崇祯皇帝更是多次对阁臣表示："如果各位大臣都能殚心竭虑地为国家尽力，朕为什么要倚靠内臣呢？"由于皇帝的心理天平严重地向宦官倾斜，显然直接导致了后者对内阁辅臣的蔑视。嘉靖年间，一个内侍不无炫耀地说："昔张先生（璁）进朝，我们要打躬；后夏先生（言），我们平眼看他；今严先生（嵩），与我们拱手始进去。"从嘉靖朝三任首辅对宦官的态度变化中，人们不难看出宦官势力的如日中天和阁臣权势之式微。隆庆至万历初年，徐阶、高拱、张居正等人先后辅政。当时虽说是阁权较重的时期，但徐阶却因为得罪了中官而被迫退位；另一辅臣高拱企图赶走司礼太监冯保，结果自己反遭放逐。而张居正则正是因为密结了冯保，才得以取代前者而为首辅。执政后，冯保贪财好货，张居正就不遗余力地设法满足他的奢欲。至于后来在魏忠贤专权的时期，有的辅臣甚至不惜卖身投靠，成为"魏家阁老"，阁臣的权位更是为内监所操纵。当时，凡是内阁补用的大臣，大都要取决于魏忠贤。而中官与阁臣的勾结，又必然引发党派纷争。于慎行认为："国朝既罢丞相，大臣体轻，以故政归宦竖，士鲜廉节。"这确实道出了当时的真实情况。

明太祖朱元璋在《大明律》中规定："若在朝官员交结朋党、紊乱朝政者，皆斩，妻子为奴，财产入官；凡诸衙门官吏，若与内官及近诗人员互相交结，泄露机密、夤缘作弊者，皆斩，妻子流放三千里安置。"显然，朱元璋对朋党及内外官员勾结的打击不可谓之不严，但明代党争的激烈程度，却远远超过了以往历史上的任何一个王朝。明代内阁中的首辅，因其具有拟旨特权，以及品位尊崇、接近皇帝和裁决机宜等特点，故而成为阁臣们竞逐、觊觎的目标。纵观有明一代，阁臣间的争夺排挤，明争暗斗，呈愈演愈烈的态势，他们往往朋党台谏，纷争不休，拉帮结派，互相吹捧或攻讦倾轧，形成朋党势力，手段也越来越狠毒，常是必欲置之死地而后快。特别是从嘉靖初年张璁以议礼入阁以后，阁臣间的争夺倾轧更为激烈，到了夏言与严嵩、张居正与高拱之间的倾轧争夺，则达到了高潮。阁臣间拉帮结派，拉拢言官，攻讦不已，进而形成了后来的门户之争。客观上来看，这种阁臣间的纷争，对于皇室的统治是相当有利的。因为阁臣间的纷争，以及阁臣与宦官之间的争斗，使得他们彼此相互制约，皇帝高高在上，更便于平衡处置，统治起来便更加安全、省力，皇位自然也更牢固。明王朝之所以能够维持近 300 年的统治，与此不无关系。但从社会发展的角度来看，阁臣间无休无止的倾轧纷争，对于整个社会经济的发展却是极为不利的。悬想事势，遥度人情，朱元璋从巩固皇权统治的角度出发，意欲建立相互牵制、内外相维的官僚体制，却没有想到后世竟因此造成了朋党迭兴、党争激烈的局面，并最终导致明王朝国政的日趋荒废，以致走向衰亡。特别是明朝后期，整个朝廷坐视国是日非而振作乏术，终至内外交困，以致亡矣。故此，晚明杰出的思想家黄宗羲认为：“有明之无善治，自高皇帝罢丞相始也。”

血染的网罗
文字狱与八股文

“避席畏闻文字狱”，封建时代的文人真是不容易！密不透风的文网足以窒息与摧残一个民族的思维与创造力。无数因诗文招致杀身大祸的事例无情戳穿了“书中自有黄金屋，书中自有颜如玉”的幻梦。

明太祖朱元璋在登基之前，曾借宿于太平府般若庵。庵内住持方丈惊讶于其仪表，便询问起他的爵里姓名。当时朱元璋已是指挥千军万马的统帅了，便故作矜持，笑而不答，提笔在粉壁之上写下一首诗：

杀尽江南百万兵，
腰间宝剑血犹腥。
山僧不识英雄主，
只顾哓哓问姓名。

后来，朱元璋在南京即位，有意派人寻访自己当年的墨迹。而得到的答复却令他十分恼火，这首御诗已被人揩去。朱元璋立即将庵内僧人抓来，论刑当斩。意犹未尽的朱元璋愤愤不平地质问道：“为何除去朕诗？”这位被抓来的年轻僧人尚有几分机智，不慌不忙地回答：“御制题诗处，有吾师四句诗在焉。”朱元璋忙问：“何诗？”此僧朗声诵道：

御笔题诗不敢留，
留诗常恐鬼神愁。
故将法水轻轻洗，
尚有毫光射斗牛。

朱元璋听罢，朗声大笑，将小僧无罪开释。试想，“成者王侯败者贼”，朱元璋本是绿林英雄，未取天下之时，实是朝廷通缉的叛逆之人，所作诗文大有“反诗”的嫌疑，庵内老僧怎敢保留？聪明的小僧几句诗文将朱元璋大大吹嘘了一番，侥幸保住了性命。我们从这个故事中可以了解到，刚猛好杀的明太祖喜欢炫耀自己的文才，而且颇为自负。如遇不识时务者，他会不惜以极刑加以报复。遇到这样的帝王，天下文人的日子便可想而知了。

朱元璋出身于“无立锥之地”的佃农之家，穷困潦倒，衣不蔽体，食不果腹，哪有机会入塾读书识字？父母双亡后，他沦落为四处乞食的游方僧人，吃尽了人间的苦难，因而直至他投身于元末农民起义军之时，尚识字不多。与一般草莽人士不同的是，朱元璋对文化知识有着强烈的兴趣，愿意与儒士文人交往。从早年屈尊拜访朱升，到接纳号称“浙东四杰”的刘基、宋濂等人，朱元璋开始与这些著名文士朝夕相处，因勤学好问，学识大进。从识字不多到能随意题写诗文，足见他天资绝佳，聪明过人。

作为开创明朝数百年基业的一代英主，朱元璋深知治理天下需要大批高素质的人才，他在诏书中就强调：“治国家，得贤才为先，贤者天下之望也。”可见，朱元璋将人才的选拔与国家的稳定及治理相联系，其重要意义自然不同寻常。因此，朱元璋即位伊始，就屡屡下诏征求天下贤才，渴望之情溢于言表。如洪武元年（1368年）九月的诏书中就写道：“如今天下太平，愿请诸位学问通达的士大夫讲谈治理天下之道，启迪朕心，以达到盛世之治。在野人士，有能以贤辅我，以德济民，地方官必以礼送至京师，朕将擢用焉。”同时，朱元璋专门派遣官员在全国各地访求人才。

其次，朱元璋在人才的选拔与录用上也有十分高明的见解与举措。如选拔人才重才德，不重门第、资格。他曾说：“人才不可一概而论。老佛、卜筮、负贩之中常常有贤能之士，关键在于朝廷如何选拔与重用。”“（元代）选拔官员必须要求世族出身，有志者往往屈居下位。”又说：“资格为平庸之辈所设，若有贤才，岂能循以常例。今后庶官之有才能而居下位者，应当优先重用。”这些认识自然是出于朱元璋的实际观察与体验。为此，朱元璋大力擢用贤能之士。如洪武二十二年（1389年），曾有朝臣对儒士起自平民，骤得高官的现象表示不满，认为朝廷应爱惜名爵，不可滥赐。对此，朱元璋斩钉截铁地予以驳斥：“朝廷设置爵禄，就是为了优遇贤能之士，如他有卓越之才，岂可限以资格？朕只望获得贤才，名爵非朕所惜。……朕所担忧之事是得不到贤才，如能得而任之，官品非朕所惜。”同时，朱元璋在选用人才时强调才能不论大小，但求人尽其才。他认为，君主用人“如良工用木，大小各得其用”。还说：“朕要尊崇古制，举用贤才，各因其才能而擢用。”

由此，明朝初年，朱元璋从维护其统治地位的角度出发，实施了较明智的人才选拔策略，这对于一个靠造反创业的封建帝王来讲，是难能可贵的。而这种政策的实行，对明代初年统治机构的建立与政权的稳定起到了极其重要的作用。大批优秀人才的破格录用，也为新兴政权的发展带来了勃勃生机。史载：“当时隐于山林之士，以布衣身份而骤登高位者不可胜数。”这种人才云集的喜人景象大有“天下英雄入吾彀中”的意味。朱元璋重视人才，破格提拔人才，其见识与魄力似乎理所应当地受到后人的推崇。然而事实并非如此简单。

朱元璋是一位个性极强的帝王，言行之间充满了矛盾，典型地代表了一种“圣人与强盗兼而有之”的复杂人格。他一方面豁达大度，不惜名爵，笼络替他卖命的文臣武将；但在另一方面他却明察秋毫，对臣下疑忌颇重，果断自负，疆场上的成功更使他刚愎自用，专断敢行，为达到自己的目的而不择手段。他在天下太平后，大杀开国功臣，被后人称为“其残忍实千古所未有”。为朱元璋出谋划策、功高盖世的文臣也难逃劫数。朱升、刘基、宋濂等人都没有好结果，其他儒士的境遇就可想而知了。更有甚者，朱元璋以惩治贪污为名，动用严刑峻法，广事株连，滥杀无辜，大批文人儒士惨遭屠戮，如“郭桓贪污案”处死者竟达数万人，甚至造成了六部机构荡然一空的局面。这与朱元璋大力征召贤才之举形成了鲜明的反差，真可谓“来得容易，去得更快”！这种恐怖气氛使不少士人将入朝做官视作畏途，因为凡入朝为官、能得善终者，实在是太少了！

朱元璋大戮功臣的主要动机不外乎是消除对朱氏皇权的威胁，他挖空心思地将一切权力集中在自己手中，不允许任何人有僭越不轨之谋。从这个意义上讲，明代初年大力征召天下贤士，正是为了让大批新人充实于朝廷各部及州县衙门，以取代那些朱元璋忌讳的开国功臣。这些手无缚鸡之力的白面书生对皇权自然不敢有任何的僭越之念，然而，这却引起了行伍出身的勋臣们的强烈不满。他们便寻找各种借口加以反对，文士喜好讪谤，成为他们攻讦的缺陷之一。洪武初年，朱元璋为延揽天下英才，决定开科取士。这本是历代相传选拔人才的最佳手段，诸位勋臣却颇有异议。他们认为此为皇帝崇尚文士之举。朱元璋理解他们的心情，便耐心启发道："世乱则用武，世治则用文。"诸位武臣反驳道："陛下所云固然在理，但读书人用心歹毒，特擅讥讪，如不警觉，即受其愚弄。张九四（即张士诚原名）起初诚意优礼文人儒士，甚至请他们为自己更名，这些文士竟给他取名为'士诚'。"朱元璋不以为然："此名甚美，何足为怪？"诸位武臣道："《孟子》有'士诚小人也'句，张九四怎会知道？"朱元璋闻听，如梦方醒，心中恼怒万分。没想到白面书生在舞文弄墨之间竟能含沙射影，任意褒贬！朱元璋自然担心自己也会糊里糊涂地陷于被愚弄、被讥诮的境地。

有人认为，明初文字狱（即文字之祸）由此而兴。显然，文武大臣之间的矛盾也是引发明初文字狱的原因之一，武将们的提醒使朱元璋对他不甚介意的文士也多了几分戒备之心。本来"眼里不揉沙子"的朱元璋从此更是明察秋毫，文士以所著文字罹祸的惨剧接二连三地发生。清代学者赵翼在《廿二史札记》中指出："明祖通文义，固其天纵，然其初学问未深，往往以文字疑误杀人，亦已不少。”事实证明，朱元璋以文字杀人，并非由于学问不深，而是因为他最痛恨臣下触及自己的隐痛，对于这种冒犯，他是绝对不会心慈手软的。狭义的“文字狱”是指文士在自己的作品中有触犯封建帝王忌讳之处，因而惨遭杀害的情形。对于朱元璋这位背景复杂又雄猜好杀的帝王来讲，天下文士因文字罹祸者不在少数。

朱元璋统治时期，文士以表笺文字不当而罹罪者最多。按照明朝初年的习惯，每逢正旦、万寿圣节及册立东宫之时，内外文武大臣都要献上表笺庆贺。而各级文武大臣娴于文辞者并不太多，于是撰写贺表的任务一般都落在当地教官的身上。朱元璋既知文士有讪讥之好，故而对这种表笺格外在意。果然，一些表笺被他看出了“破绽”，朱元璋毫不客气地亮出了屠刀。当时以表笺文字触犯忌讳者为数不少，而最多的是因用了“则”字。当时的江淮方言，“则”字与“贼”读音相似，朱元璋以为这是讥讽他有落草为寇的经历。如浙江府学教授林元亮因所作《谢增俸表》中有“作则垂宪”句被杀；北平府学训导赵伯宁因所作《万寿表》中有“垂子孙而作则”被杀；桂林府学训导蒋质因所作《正旦贺表》中有“建中作则”被杀。其次，表笺中因有“生”（近“僧”）、“法坤”（近“发髡”）等字样，朱元璋以为这是讽刺他有出家为僧之事。常州府学训导蒋镇因所作《正旦贺表》中有“睿性生知”句被杀；尉氏县教谕许元因所作《万寿贺表》中有“体乾法坤，藻饰太平”句被杀。

这些因一字涉嫌便招来杀身之祸的事例，触目惊心，骇人听闻。而朱元璋在位之时，类似这种穿凿附会、横生枝节的文字之祸形形色色，五花八门。如亳州训导林云在所作《谢东宫赐宴笺》中有“式君父以班爵禄”句，朱元璋以为“式君父”为“弑君父”之隐语，意在辱君，林云因此被杀。德安府学训导吴宪在所作《贺立太孙表》中有“永绍万年，天下有道，望拜青门”句，朱元璋以为“有道”为“有盗”之谐语，有谤君之意，吴宪也因此身首异处。更令人啼笑皆非的是，怀庆府学训导吕睿在所作《谢赐马表》中有“遥望帝扉”之语，朱元璋以为“帝扉”隐含“帝非”之讥，吕睿也遭杀头之祸。明初因文字而招祸者远不止上述几人，朱元璋对言涉忌讳的文士均处以极刑，而这种忌讳又大多出于朱元璋的臆测。古语云：“欲加之罪，何患无辞？”面对如此严密的文网，天下文士几乎不敢下笔为文。

明人徐桢卿《翦胜野闻》记述了这样一个故事：太祖朱元璋多疑，常常担心受到臣下的讥讪。杭州儒学教授徐一夔曾作贺表，其中有“光天之下”“天生圣人，为世作则”等语。朱元璋览后震怒道：“腐儒胆敢如此污辱朕吗？‘生’者僧也，以我曾经出家为僧也。‘光’者秃头也，‘则’字近贼也！如此猖狂，罪在不赦。”即命锦衣卫将徐一夔斩首。在旁礼部群臣见此情形瞠目结舌，体似筛糠，一齐跪倒请罪：“臣等愚懵不知忌讳，乞皇上亲降表式，令臣等永为遵守。”闻听此言，朱元璋的脸色才有所好转，毫不客气地答应了臣下的请求。此后，朱元璋先后颁发了《建言格式》《繁文鉴戒》《表笺定式》等书，详细规定了官民上奏的各种文体的格式，令天下以此为标准，不得以私意妄行撰拟。

这些为文士特制的“御书”颁行之后，朱元璋，这位学问并不高深的帝王，俨然成为至高无上的文坛霸主，至此，我们似乎恍然大悟：原来“醉翁之意不在酒”，朱元璋妄行指责、无情杀戮的背后，是无法容忍文士们自由自在地舞文弄墨，唯我独尊的朱元璋要为天下文人立下规矩。当然，在这些“御书”中，朱元璋铺列的理由冠冕堂皇，听起来似乎不无道理。如洪武六年（1373 年）九月，朱元璋下诏革除“四六”文辞（即骈文），以柳宗元、韩愈文章为表笺格式。他在诏书中强调：“上古三代的辞章，质实无华，应该成为千万世作文的法则。汉魏之时，文章还崇尚古质。晋宋以降，文体日衰，骈俪绮靡，古法荡然无存。……近代制诰章表之类仍蹈承旧习，朕平时即厌恶其雕琢粉饰，背离古代文体，且使事实为浮文所蔽。自今告谕臣下之辞，务必遵从简朴古质，以革弊习。”文士一味追求文体的工整、辞藻的华丽，固然会造成绮靡柔弱之风，但一味崇尚古质，亦步亦趋，不敢逾樊篱一步，势必也会造成文士的思想窒息、文辞呆板无味。柳宗元、韩愈等人的古文运动是“以复古为创新”，与朱元璋的理解有相当大的差距。况且，皇帝亲自制定格式，以高压手段强令文士“依葫芦画瓢”，其结果只能是天下文章成为千篇一律的“台阁体”，对文坛的恶劣影响恐怕远远超过了骈俪之文。

此外，朱元璋对文士的惩处并不局限于个别文字的犯忌，对那些在诗文中发泄对王朝统治不满情绪的文士，朱元璋更不肯轻易放过。如官任佥事的陈养浩曾作诗句云：“城南有嫠妇，夜夜哭征夫。”当时正值朱元璋为铲除各地割据力量、四处招兵买马之时，朱元璋见到此诗后，大为恼怒，认为陈养浩在发泄对时政的不满，遣人将其抓来，沉入水中溺死。翰林修撰张信受命为诸王子的教师，有一次，他随意以杜甫诗中“舍下笋穿壁”等四句作为字式，供诸皇子练习之用。不料被前来巡视的朱元璋看到，由此大祸临头。朱元璋“龙颜”大怒，以为张信以杜甫此诗讥讽当时士民的贫困，大骂道：“堂堂天朝，讥诮如此！”立命将这位学识渊博的学士处以“腰斩”，让天下文士以此为戒。

朱元璋这种吹毛求疵、滥杀无辜的做法，造成了当时文坛人人噤若寒蝉的恐怖气氛，战战兢兢的读书人不知何时灾难降临到自己头上。这种文网深密的钳制，也闹出了令人感喟的笑话。如新涂诗人邓伯言因在诗中有句：“洞天明月一双鹤，涧水碧桃千树花”，深得当时文坛领袖宋濂的赏识。宋濂特别向朱元璋推荐。朱元璋将其召来后，以《钟山晓寒》为题，令其当堂赋诗。邓伯言不负厚望，援笔立成，诗中有二句云：“鳌足立四极，钟山蟠一龙。”朱元璋看后，大喜过望，手拍御案，大声朗诵。朱元璋行伍出身，手力颇重。跪在殿下的邓伯言本来就心惊胆战，害怕惹恼皇帝，闻听大力拍案之声，以为天子震怒，己命难保，竟当场吓得昏死过去。当卫士将其抬出新华门，邓伯言方才苏醒过来。翌日，朱元璋授邓伯言翰林修撰之职，他以年老有病为由，坚辞不就，朱元璋无奈，只好同意了他的请求。

清代学者赵翼《廿二史札记》中有《明初文人多不仕》一节，指出了当时的一个突出现象，即许多著名文人皆不愿当官。除了一些元朝遗老不肯奉迎新主外，绝大部分文士均以入仕为畏途，就是害怕朱元璋雄猜果决、刚猛好杀的酷政。明初名士解缙曾形容朱元璋的统治特征为：“陛下无几时不变之法，无一日无过之人。”在大肆杀戮功臣之后，惩处的对象便是成千上万的文人儒士出身的官吏。平遥训导叶伯巨曾在奏疏中指出：“取士之始，网罗无遗，一有蹉跌，苟免诛戮，则必在屯田筑城之科，不少顾惜。”面对这种“一授官职，罕有善终”的恐怖情形，天下儒士自然是望而却步了。

然而，儒士们这种无声的抗议更引起朱元璋的疑忌，因此他曾特别下令曰：“四海之内，都是皇帝的臣子。国中士大夫如不愿为君主所擢用，就是表示抗拒君命，地方官诛杀其身而族没其家，并不为错。”这种严酷的文化专制甚至使那些“不在五行中”的出家之人也无处可逃。元朝末年，有位著名诗僧守仁，字一初，为怀才不遇的世外高人，因见世道衰落，才遁入空门，一意钻研诗文。明朝建国后，他推辞无效，被召入京城做官。但在这种文网深密、动辄得咎的恐怖环境中，这位高僧心情之恶劣可想而知。无聊之余，他便以诗文自遣，没想到因此也招来祸端。他有一首题翡翠诗云：“见说炎州进翠衣，网罗一日遍东西。羽毛亦足为身累，那得秋林静处栖！”朱元璋见到此诗后，愤然质问守仁道：“你原来万般推辞，不愿出仕，就是怨恨朕法网过密吗？”后来，朱元璋借故加罪于守仁，守仁遂不得善终。僧人来复的遭遇，更能显示出朱元璋强暴无赖的狰狞面目。来复和尚在晋见朱元璋后曾作谢恩诗一首，其中有“殊域”“自惭无德颂陶唐”的字句，没想到朱元璋反目无情，大怒道：“你用‘殊’字何意？不是骂朕为‘歹朱’吗？‘无德颂陶唐’，不是以朕为无德，不能像称颂陶唐（传说中的远古圣君）那样颂扬吗？谤讪如此，朕岂能饶你？”随即命卫士将来复斩首。

朱元璋文过饰非的虚荣心极强，悦美言而喜奉承，绝对不能容忍臣下不恭敬的行径，就是对于无声的意念也不放过。他曾微服私游，进到一座寺庙之中。不料一抬头见影壁上题有一首“布袋佛”诗，其文曰：

大千世界活茫茫，
收拾都将一袋藏。
毕竟有收还有散，
放宽些子又何妨！

这首貌似无奇的诗文大有深意。朱元璋曾为四处行乞的游方僧，天下人所共知，此诗以“布袋佛”为题，明眼人一看便知其暗喻之意。这位“布袋佛”的确过于贪婪了，竟要将大千世界收进自己小小布袋之中，岂不知这样一来就断绝了天下人的活路。诗人委婉地劝解“布袋佛”松一松布袋，让天下士民透透气，又有何妨？此诗喻意之辛辣，令人叫绝。无怪乎朱元璋览毕，血贯瞳仁，暴跳如雷，盛怒之下竟命将此寺僧人全部处斩，上演了明初文字狱最酷烈的一幕。“自由共道文人笔，最是文人不自由！”用这两句现代学者的诗文来形容明初文士的境况，恐怕是再恰当不过了。专制帝王无限的权力使他可以毫无顾忌地草菅人命，无数饱学的文人儒士只落得俯首帖耳、任人宰割的悲惨境地，诚令后人为之浩叹！

在“文字狱祸”之外，朱元璋处心积虑地加强对天下士民思想的钳制，这突出地表现在大力推崇宋明理学及对科举考试的规范上。与滥施淫威的大肆屠戮相比，这些措施更能“触及人的灵魂”，故而要高明得多，影响更为深远。朱元璋明确地认识到“治本于心”，即天下治理在于对士民思想的控制。而且“本于心者，其用无穷”，甚至胜于“本于法者”。也就是说对天下黎民思想的控制，其有效程度要超过严刑峻法。朱元璋即位之后，大力尊崇孔子。在全面否定元朝制度的同时，却承认元朝加封孔子的“大成至圣文宣王”的谥号，多次召见孔子的后裔，称颂孔子“明彝伦之精微，表万世之纲常”，为“万世帝王之师”。他宣称：“仲尼之道，广大悠久，与天地相并。”因而大力鼓吹《四书》《五经》。朱元璋说：“四书五经如五谷，家家不可缺。”同时提倡程朱理学。他明令“学者非五经、孔孟之书不读，非濂洛关闽之学（即程朱理学之代称）不讲”。这样，明朝初年的思想界便成为程朱理学的一统天下。如当时全国最高学府——国子监的学习内容，完全以宋儒所注的《四书》《五经》及朱元璋审定的《大明律》《大诰》为本，明令诸生“笃志圣贤，潜心古训，违者罪之”。明朝规定，府、州、县学的诸生，必须进入国子监学习后才能入仕，这就使国子监（或称“国子学”）成为培养各级官吏的主要基地之一。而受过国子监教育的各级官僚，于不自觉中便成了程朱理学的信徒。

朱元璋选拔人才，最重实效，故而对科举考试的态度就较为矛盾。如洪武六年至十六年（1373—1383年），朱元璋因痛感科举取士的无用，曾宣布停止科举考试达10年之久，专门通过荐举之路选拔人才。然而，荐举方式的缺陷也是显而易见的。如洪武十五年（1382年），当时通过各种渠道荐举的人才大量涌入京师，鱼龙混杂，难以甄别。监察御史赵仁便建议道：“今征至秀才，不下数千，宜试其能否，考其优劣，然后任之。”朱元璋无计可施，只得允许分科考试，随后任官。由此科举考试才得以恢复。但朱元璋对考试制度进行了严格的规定，即以“八股”取士，专取《四书》《五经》内容为题，而《四书》的解释必须以朱熹的集注为准。考生作文仿照宋朝“经义”之体裁，模拟古人语气发表议论，文句采用排偶的形式，这就是中国历史上声名狼藉的文体——八股文。八股文有特定的格式，内容包括几大部分，如破题、起讲、题比等，其中题比又称“入手”，是正文的开始。随后虚比、中比、后比、大结四部分又称“起股”“中股”“后股”“束股”。这四股中每股又有两段排偶之文，合为八股，故称为“八股文”。

史载，洪武十七年（1384年）朱元璋确定“科举之式”后，“命礼部颁行各省，后遂以为永制”。从此，明代科举考试形成一成不变的固定模式，即主考者选取《四书》《五经》中的文句为题，考生即按八股格式作文，行文议论必须以朱熹等人的注解为依据，不得标新立异，更不能发表自己的见解。可见，这种考试形同一种文字游戏，考生只要熟记朱熹等人的注解，依照格式“填鸭”便可。明朝洪武以后，科举考试逐步压倒荐举，成为官府选取人才的最主要途径。功名利禄的诱惑使天下读书人肆力于《四书》《五经》的背诵及八股文的研修，为之耗尽了全部心血。想要在科举考试中获得成功，每位考生就必须成为程朱之学的忠实信徒，将孔孟之道作为修身立命的根本。

朱元璋如此推崇孔孟之道及程朱理学，其本人是否对这些东西顶礼膜拜、十分信服呢？答案是令人深思的。如孟子被后世儒士称为“亚圣”，是儒家思想最杰出的代表之一，《孟子》是《四书》重要的组成部分，但朱元璋对其中的一些观点大为光火。如《孟子·离娄》篇有句云：“君视臣如草芥，则臣视君为寇仇。”唯我独尊的朱元璋览书至此，不禁勃然大怒，这不是在骂他本人吗？朱元璋也顾不得这位圣人的面子了，破口大骂道：“使此老在今日，宁得免耶？”也就是指斥已故去千余年的孟老夫子也犯了欺君之罪，多亏没有落在他朱元璋之手，否则同样严惩不贷！余怒未消的朱元璋下令将国子监中孔庙里孟子的神位撤下来。左右大臣苦苦相劝，朱元璋才予以恢复。此外，《孟子》中还有不少议论也让朱元璋无法容忍，如“民为贵，社稷次之，君为轻”，“君有大过则谏，反复之而不听则易位”等等。为此，朱元璋特命儒臣删去其中不合己意者85条，编成《孟子节文》，作为诸生学习的根据，删去部分不准考生学习。对《孟子》的处理活脱脱地暴露了朱元璋“顺我者昌，逆我者亡”的独裁者面目，他不容许任何人触犯其皇权的神圣，甚至对千百年前的儒学“圣人”也不例外。

朱元璋文化专制的各项措施犹如“水银泻地，无孔不入”，既然他对古今圣贤的言论都看不上眼，干脆自己动手编起书来。朱元璋编书还注意针对不同的读书对象。如给皇族编辑的有《皇明祖训》《永鉴录》《昭鉴录》等，其中后两种书将历代宗族及藩王叛乱谋逆者的事迹进行整理，令皇族成员勿蹈覆辙。给朝臣编辑的有《世臣总录》《精诚录》《忠节录》等，这些书无非将历代所谓“忠臣”的事迹汇总起来，让朝臣仿效。另外，也有专为武臣编辑的《大诰》，及为普通百姓编辑的《孝慈录》等。这些书集中反映了君权神圣的思想，天下士民只有以此为圭臬，循规蹈矩地服从帝王的旨意，否则就有身家性命之忧。

有明一代，文字狱以及对思想的钳制，以明初最为酷烈，并为以后各代帝王树立了样板。譬如，永乐年间，饶州士人朱季友向明成祖献所著书，他在书中激烈地抨击了程朱理学的观点。朱棣看后大发雷霆，骂道：“此儒之贼也！”当时朱季友已年过古稀，朱棣仍派人将他押回原籍，当众行笞，尽毁其所著书。文网之深密，并不次于洪武之时。

总之，明代皇帝对士民思想禁锢的程度要超过以往各个封建王朝，尤其是以八股文为特征的科举制度更为后人所唾弃。虽然明朝灭亡后，一些思想家曾疾言痛诋专制帝王的罪恶。然而，继起的清代统治者，为了巩固政权的需要，又上演了一幕幕“文字狱”的惨剧，与朱元璋相比，有过之而无不及。显然，专制制度的存在，是造成这种悲剧轮回的症结所在！

宣德化而柔远人
三宝太监下西洋

夸耀“我祖上也阔过”，早已是国人所鄙弃的浅薄心态。但无须我们夸耀，明朝的一位太监带领庞大的船队的的确确创造了世界航海史上的奇迹。这一页辉煌的历史或许可让现代中国人备感自豪，更使我们品味到自豪后心中泛起的苦涩。

洪武九年（1376年），山西平遥训导叶伯巨的一份奏疏，让明太祖朱元璋勃然大怒，道：“这是离间我骨肉，快点抓来，我要亲手射死他！”

原来，朱元璋在加强皇权的同时，大力推行分封制，将其24个儿子和一个重孙，分封在全国各地。对此，他踌躇满志地以为——分封诸王世袭镇守，以血浓于水的骨肉亲情，便足以辅弼皇室，确保大明王朝的长治久安。然而，他没有料到，藩国势力的发展，势必将威胁中央皇权的安全。倒是人微言轻的叶伯巨，敏感地预见到了这一点，遂以汉初的“七国之叛”和西晋的“八王之乱”为例，上书直言分封制的弊害。然而，朱元璋不仅一意孤行，反而将他囚死狱中。

洪武三十一年（1398年），朱元璋龙驭宾天。尸骨未寒，骨肉之间便展开了血腥的厮杀。建文元年（1399年），燕王朱棣起兵北平，攻夺其亲侄子——建文帝朱允炆的皇位，史称“靖难之役”。

这场刀光剑影的兵燹持续了3年，建文四年（1402年），势如破竹的燕兵攻入京师。在一场混战中，皇宫大院燃起了大火。当火被扑灭后，发现了几具烧焦了的尸体。据说，他们便是建文帝、马皇后及其长子朱文奎的遗骸。不过，由于史书记载的自相矛盾，建文帝的下落一直是个谜。有人说，兵燹劫乱中，建文帝乔装改扮成和尚，逃离了京城……朱棣即位后，年号“永乐”。为了使自己的皇位继承合法化，他采取了一系列的措施。当时的官方史书掩盖了建文帝的年号，而人为地将明太祖的统治时期延长了4年，即从洪武三十一年延长至洪武三十五年（1398—1402年），以便于永乐朝的衔接。然而，建文帝4年的统治，毕竟难以从当时人们的记忆中被轻易地抹去。特别是建文帝“出亡为僧”的传说，在朝野上下众说纷纭，连朱棣本人也将信将疑。故而《明史·郑和传》说，朱棣当了皇帝后，疑心建文帝朱允炆逃亡海外，就派郑和下西洋查访行踪。对此，清人万斯同吟咏道：

西洋万里人踪绝，洪涛淼淼谁能越。
扬舲不惮鼋鼍居，凌波直簸蛟龙窟。
蛮邦海外纷如埃，语言屡译犹致猜。
忽惊汉使浮槎至，疑是天兵乘雾来。

我皇声教已遐普，天威更欲扬远土。

殊方从此识中华，异宝因之输内府。

昔闻汉帝开西域，亦越唐皇启北庭。

黩武久蒙青史诮，洪涛何事更长征。

人言让帝遁西极，此举意在穷其迹。

被褐已辞黄屋尊，泛舟宁作沧波客。

何妨尺地使容身，应念高皇共本根。

徒使狂涛填猛士，几曾穷岛遇王孙。

宿师海外余十载，让帝行踪意安在。

遗事人传三宝名，穷兵徒发千秋慨。

诗中的“三宝”，即七下西洋的太监郑和。郑和本姓马，小名三保，云南昆阳人。他在洪武年间入宫当了一名小宦官，起初是在燕王朱棣的藩邸内任职。“靖难之役”中，郑和出入战阵，立下了汗马功劳，故而提升为太监，并被赐名“郑和”，世称“三保（宝）太监”。对此，郑和的老家昆阳，迄今还流传的一句俗语说：“马不能登殿，皇帝赐姓郑。”显然，“赐姓”之后便可“登殿”，也就是说得到了明成祖的赏识。永乐二年（1404年），郑和出任内官监太监，不久又擢升为司礼监掌印太监，成了朱棣得力的内臣，并奉命出使西洋。

当时，以婆罗洲为中心，将今南海以西（约自东经110°以西）的海洋及沿海各地（远至印度及非洲东部），概称为“西洋”。明代的西洋，也包括今天的东南亚。在明代初年，这一带的局势一直处于动荡不安之中。例如，洪武四年（1371年），渤泥国王马合谟沙就上表明太祖朱元璋，说：

今有皇帝的使臣来，开读了皇帝的诏书，知道皇帝登了宝位，与天下做主，俺心里好生喜欢。本国地面，是阇婆管辖的小去处，乍消得皇帝记心。这几日前，被苏禄家没道理，便将歹人来，把房子烧了，百姓每（们）都吃害了。记着皇帝诏书来的福荫，喜得一家儿人没事。……

渤泥在今加里曼丹北部的 Brunei（文莱），苏禄故地则位于今菲律宾的苏禄群岛。当时，南洋群岛一带的众多小国，由于宗教信仰的不同，随着各自势力的此消彼长，相互之间冲突不断。类似于渤泥这样的弱小国家，自然希望北方的大国——中国能为他们调解彼此间的纠纷，并在他们遭受强邻侵掠时，能够主持公道。然而，明太祖对待外国，采取“不为中国患者，不可辄自兴兵”（不成为中国祸患的，不随便出兵）的政策，对当时的诸多争端均置身事外。特别是在胡惟庸案发后，明朝与周边邻国的关系渐趋冷淡。及至明成祖即位之初，东南亚的许多国家已不再定期向明朝纳贡。这对于将自己视作“天朝上国”之君的朱棣来说，显然是难以容忍的。再加上明成祖为了制造声势和笼络人心，改变因“靖难之役”带来的不利政治局面，更是希望通过“宣扬国威”，提高自己的声望。因此，郑和下西洋，初衷是明王朝为了维护自己在东南亚地区的权威、招揽各国来朝而实施的重大举措，更是为搜寻废帝朱允炆的行踪。

永乐三年（1405 年）六月，郑和统率的远航船队从苏州的刘家河启程，乘风破浪，泛海至福建长乐，然后借海上信风之助，由闽江口五虎门扬帆出海，“云帆高张，昼夜星驰”，远涉重洋，前往邻邦异域。郑和下西洋的主要航线，是从中国东南沿海出发，穿越马六甲海峡，横渡印度洋，远至波斯湾和非洲东海岸。此次，郑和统领的舟师，奉命出使占城、爪哇、旧港、满剌加、阿鲁、苏门答剌、南巫里、锡兰、小葛兰、柯枝和古里等国。在明朝初年的南洋群岛诸国中，以爪哇最为强盛，时常骚扰邻国。洪武末年，爪哇已吞并了邻近的三佛齐，并进而觊觎苏门答剌。故而，明成祖派郑和前往招徕苏门答剌，诏封其酋长为苏门答剌国王，赐以印诰。这样一来，爪哇就不能不有所顾忌，收敛其并吞苏门答剌的野心。及至永乐五年（1407年）五月，郑和的首航圆满结束。回国时，爪哇、满剌加、阿鲁、苏门答剌、小葛兰和古里等国的使节，也随行来朝。

永乐五年（1407年）九月，郑和再度出使，前往占城、爪哇、暹罗、苏门答剌、南巫里、柯枝和锡兰诸国，直到永乐七年（1409年）夏回国。永乐七年九月，郑和第三次出使，走访了占城、爪哇、满剌加、苏门答剌、锡兰、小葛兰、柯枝、古里、暹罗、南巫里、加异勒、甘巴里和阿拨把丹，并于永乐九年（1411年）六月回国。不久，满剌加国王以及古里、柯枝、苏门答剌、阿鲁、彭亨、急兰丹、南巫里、加异勒和爪哇使节先后来华。这三次出使，郑和船队的活动范围均不出东南亚和南亚，而主要是穿梭来往于东南亚各国。郑和远航的船队，满载着瓷器、丝绸、锦绮、纱罗、麝香、铁器和金属货币等，所到之处，不遗余力地宣扬明朝的国威，邀约各国派遣使臣前来中国"朝贡"。同时，还以强大的武装力量为后盾，告诫那些喜战好斗者循理安分，偃兵息武，从而极大地缓解了中国与海外诸国的紧张关系，维持了东南亚与南亚沿海国家间的区域和平局面。

此后，从永乐十一年（1413 年）冬第四次出航起，至宣德七年（1432 年）最后一次出使为止，郑和又四下西洋。其行踪不仅遍及今东南亚和南亚各地，而且还到达了西亚和非洲的东海岸。忽鲁谟斯、祖法儿、阿丹、比剌、竹步不喇哇、木骨都束、麻林和天方等地，都留下了郑和船队的足迹。

综上所述，永乐、洪熙、宣德三朝，郑和先后七下西洋，率领万人舟师，在“洪涛接天，巨浪如山”的海洋上航行，历涉三十余国，打通了中国直达波斯湾、红海和东非海岸的航路，并开辟了多条航线。对此，随从郑和出使西洋的马欢，作有一首《纪行诗》写道：

皇华使者承天敕，
宣布纶音往夷域。
鲸舟吼浪泛沧溟，
远涉洪涛渺无极。
……

事实证明，郑和使团“宣布纶音往夷域”的成效是相当显著的。永乐十三年（1415 年），在明朝人眼里位于“极地”的麻林国，遣使前来中国贡献“麒麟”（长颈鹿）。在中国，“麒麟”自古就被视作瑞兽，赋予了神秘的色彩。“极地”之国麻林所献的“麒麟”，自然成为明朝声教远被、国威赫赫的一个显著例证。

郑和船队七下西洋，称得上是 15 世纪欧洲地理大发现以前世界历史上规模最大的海上探险活动，是世界航海史上极为辉煌的一页。郑和船队在向非洲东部赤道以南沿海的航行中，曾发现了马达加斯加岛，那儿离好望角已经不远了。1487 年（相当于明代的成化二十三年），一支葡萄牙舰队在巴托罗缪·迪亚士的率领下，从红海南下才到达马达加斯加岛的对岸，发现了好望角，但比郑和船队要晚七十余年。郑和远航西洋的年代，还比1492年（弘治五年）意大利人哥伦布发现美洲新大陆早了近90年；比1498年（弘治十一年）葡萄牙人达·伽马绕道好望角到达印度，早了90多年；也比1519—1522年（正德十四年到嘉靖元年）葡萄牙人麦哲伦环球航行早一百多年。郑和船队是当时世界上规模最大的远航船队，比1588年（万历十六年）西班牙的无敌舰队还要庞大。无论是从组织的健全还是装备的精良等方面来看，在当时均属无与伦比。对此，英国学者李约瑟博士就曾指出：

> 明代海军在历史上可能比其他亚洲国家更为出色，甚至也比同时代的任何欧洲国家都更为杰出，以至于所有的欧洲国家联合起来，可以说都无法与明代的海军相匹敌。

郑和下西洋所用的大型宝船长44.4丈，阔18丈，是当时世界上最大的航海巨舶。郑和船队通常拥有六十余艘宝船，连同中小船只在内，共计二百余艘。这样大型的船队，由宝船、马船、粮船、坐船和战船等多种不同用途的船只所组成。船队的人员一般均在2.7万人左右，配备相当齐全。有专门负责接待外国使臣的舍人，掌管粮饷和对外贸易的户部郎中，负责医务的医官、医士，负责观察星象和掌握气象变化的阴阳官。各船还有旗军（掌军旗者）、火者（掌罗盘、航海图者）、番火长（外国领航员）、舵工、通事（翻译）、办事（商业人员）、书算手（财会）以及各类修理工和船工、民工等，大体可分为指挥、航海技术、军事和后勤4个系统，组织分工严密精细，井井有条。船上满载着航行途中所需的各类生活必需品、军火器械以及作为贸易品和馈赠品的丝绸布匹、陶瓷器皿、麝香、金银制品等。相形之下，稍后的欧洲船队远远不能与之相比。达·伽马前往印度时率领的葡萄牙船队，由 160 名船员组成，仅有 4 艘轻便快船，最大的也不过 120 吨，其次为 100 吨，最小的只有 50 吨；哥伦布航行美洲，所率水手仅 88 名，驾驶的船只仅 3 只帆船，最大的“圣玛丽亚”号是 100 吨，另两艘分别只有 60 吨和 50 吨；麦哲伦 1519 年环球航行时，率领 265 名船员，分乘 5 艘帆船出发，其中，130 吨的两艘，90 吨的两艘和 60 吨的一艘。这样的规模，自然无法与郑和船队的庞大规模相比肩。

从郑和下西洋的史实来看，明朝政府在遴选外交人才方面是相当有眼光的。之所以选择郑和，不仅是因为他深得明成祖的信任，更重要的还在于他具有伊斯兰教徒和佛教徒的双重身份。据史书记载，郑和是回族人，其祖父和父亲都曾到过天方（麦加）朝觐，被称为“哈吉”（意即巡礼人），与阿拉伯商人有过一些接触，对西亚的风土人情和商务状况亦略知一二。另外，郑和还在永乐元年（1403 年）得到明成祖朱棣的亲信、高僧道衍（即姚广孝）的召引，接受了菩萨戒，成为佛门弟子，法名“福善”。从此，人们又称他为“三宝太监”。这样的双重身份，使得郑和作为外交人选，具有与西洋各国的伊斯兰教徒和佛教徒相互交往的便利。因为在郑和下西洋的时代，东南亚一带有不少国家均信奉佛教。如当时的暹罗、真腊、锡兰、古里等国，佛教徒均占到当地居民的 90% 以上。而且，自唐宋以来，伊斯兰教的势力也已逐渐向东扩展，西洋各地的商业活动，大多被信奉伊斯兰教的阿拉伯和波斯商人所操纵。在明代的西洋各地，信奉伊斯兰教的国家相当多，如南亚居民信此教者约占70%，中亚、西亚的阿拉伯诸国，更是伊斯兰教盛行。由此可见，选择郑和作为外交人选，显然是相当明智之举。事实也证明，以宗教作为维系感情的精神纽带，确实是深谋远虑的决策。譬如，永乐七年（1409年），郑和奉命在锡兰设立刻有汉文、泰米尔文和波斯文三种文字的布施碑。这一“锡兰山寺碑”以三种文字刊刻，向三大宗教布施，反映了中国传统文化对于宗教问题的宽容。特别是它在海外宣传了中国对亚非各国信仰佛教的尊重，有利于提高明朝的威望。

从主观上看，明成祖派遣郑和下西洋，是想提高他在海外的威望，扩大自己的政治影响，其着眼点是对外宣扬威德。因此，郑和等人对于海外诸国，不论国家大小，一视同仁，所到之处，感之以理，服之以德。他在历次出使途中，每到一地，均首先向当地国王或酋长宣读诏敕，其次则对其王、妃、臣僚等加以赏赐。随后，当地国王或酋长或有所贡纳，或与郑和一行交易货物土产。郑和船队虽然拥有人数众多的精锐部队，但从不以大国兵威去欺侮或掠夺海外诸国。在郑和七下西洋的过程中，只有三次诉诸武力。第一次是在旧港擒获海盗陈祖义。旧港位于今印度尼西亚，原名三佛齐，是由南海进入印度洋的交通要道。洪武年间，广东潮州人陈祖义因犯罪举家逃来旧港，投奔渤淋邦国王麻那者巫里手下为将。国王死后，他纠集一帮海盗，自封为酋长，劫夺过往商船财物。永乐五年（1407年），郑和自西洋凯旋，途中遣人招谕陈祖义，祖义诈降，潜谋邀劫。当地人施进卿密告郑和，郑和遂出兵擒斩陈祖义。并赐施进卿冠带，归旧港为大头目，以主其地。不久，又敕封其为旧港宣慰使。郑和此举为邻近各国除了一大害，也为明王朝与西洋各国的友好往来打开了海上通道。从此以后，不仅郑和船队在海上再也没有受到海盗的攻击，而且东南亚一带长期存在的海盗问题也基本上得以肃清。

第二次动用武力是在锡兰擒获有心劫夺的国王亚烈苦奈儿。亚烈苦奈儿在当地经常邀劫过往使臣，郑和第一次下西洋时，即曾到过锡兰山。傲慢不敬的亚烈苦奈儿，就对郑和蠢蠢欲动，意图谋害，因被郑和及时察觉而没有得逞。郑和第三次出使回朝途中，再过其地。亚烈苦奈儿见财眼红，顿起邪念，诱骗郑和至其国中，令太子纳颜强行索要金银宝物，并发兵抢劫船队。郑和得知虚实之后，当机立断，指挥步卒两千余人，出间道乘虚攻拔其都城，一举擒获亚烈苦奈儿及其妻子、头目，然后启航将俘虏带回中国。稍后，明成祖宽大为怀，将他们遣返回国。

第三次动武是在苏门答剌擒获伪王苏干剌。此次冲突肇因于苏门答剌国内的政治矛盾，郑和为了自卫，也为了帮助苏门答剌平定内乱而不得不诉诸武力。当时，郑和奉使来到苏门答剌，赐其国王宰奴里阿比丁彩帛等物。苏门答剌前伪王之弟苏干剌，正要篡夺宰奴里阿比丁的王位，见此情状，遂迁怒于明朝使臣，怨恨后者不曾对自己颁发赏赐，于是领兵数万邀杀明军，郑和率众应战。结果，苏干剌败走，郑和追至南勃利国，将苏干剌及其妻子俘获，并于永乐十三年（1415 年）献于行在。显然，这三次使用武力，都是在万不得已的情况下才付诸实施的。而且，即使是自卫成功，也从不攻城略地，常常是在惩戒了来犯者之后，又主动设法与该国建立正常的友好往来。这一点，是明代前期处理对外关系中比较成功的一个方面。

郑和七下西洋，是中国历史上旷古未有的伟业，可与张骞、班超出使西域相辉映。在这二十多年间，郑和船队跨越了半个地球，大明的旗帜高高飘扬在整个东南亚和印度洋，清楚地显示了大明王朝的政治及军事优势，将明朝的声威最大限度地远播于殊方异域。特别是它完全打通了通往南洋各国的海上交通，在海外重新树立起中国的威望，客观上为此后华侨开发南洋，创造了一些有利的条件。关于这一点，从15世纪至17世纪的200年间移居南洋之华侨数量剧增的史实中，可以得到部分的证实。对此，梁启超先生曾指出，因郑和下西洋后而移居南洋诸岛的中国移民，当不下五百四五十万人，如果再加上与土人杂婚者，可达700万人。“西洋之迹，著自郑和”，的确是毫不夸张的说法！纷至沓来的华侨，将中国本土高度发达的生产技术和物资产品，源源不断地向南洋各地输送。大批的华侨筚路蓝缕，辛勤劳作，对南洋社会的开发和发展，做出了巨大的贡献。而这一切，与郑和下西洋显然是分不开的。时至今日，在东南亚各国，还保留着许多纪念郑和的遗迹。如印度尼西亚爪哇岛的三宝垅、三宝港、三宝洞、三保井、三保墩、三宝公庙，苏门答腊岛上的三宝庙，马来西亚马六甲的三宝山（或中国山）、三宝城、三宝井，泰国的三宝港、三宝公庙、三宝宫、三宝禅寺、三宝寺塔，北婆罗洲的中国河、中国寡妇峰，等等。其中，泰国三宝公庙中的一副对联特别耐人寻味：“七度下邻邦，有名胜迹传异域。三宝驾度航，万国衣冠邦故都。”对三宝太监的信仰，成为凝聚东南亚华侨的一种精神力量。

郑和远航西洋，第一次打开了通往东非的航路，充分显示出明代造船业的先进水平和高超的航海技术，并积累了宝贵的海图资料，为中国人的地理知识增添了新的内容。我国沿海冬春之间为东北季候风，适于船舶远航西、南洋；而夏季则为西南季候风，此时则宜于船只回航。郑和七下西洋，都遵循季候风的规律，其往返年月，均在适宜之信风期。郑和船队充分利用风力，并将天文、地理知识与罗盘针的使用结合起来，确定了精确的方向和航向。《郑和航海图》（即《自宝船厂开船从龙江关出水直抵外国诸番图》）及其附图《过洋牵星图》，对航海路线作了详细的记录。它以南京为起点，最远至非洲东岸的慢八撒，将航向、航程、停泊港口、暗礁和浅滩的分布情况，详细地绘制成地图。这不仅是中国历史上第一部完整的航行地图，而且还留下了15世纪以前我国关于亚非两洲最为详尽的地理图籍。如果我们将《郑和航海图》与其前后的一些地理著作相比较，就不难看出《郑和航海图》特具的科学价值。譬如，元代汪大渊所著的《岛夷志略》一书，所收外国地名仅100个，而《郑和航海图》中出现的外国地名为其3倍，海图的相对精确性得以大大提高。即使是在200年后出现的《东西洋考》一书（张燮著）所附的一幅亚非地图中，其中的记载也不如《郑和航海图》详细、准确和清晰。随同郑和使团出访、担任通事（即翻译）的马欢、费信和巩珍等人，还分别著有《瀛涯胜览》《星槎胜览》和《西洋番国志》，以生动简洁的文字，对到访的亚非各国之地理位置、历史沿革、名胜古迹、聚落都会、山川形势、气候历法、商业贸易、风俗习惯和语言文字等，都做了详尽的阐述，其内容多为前人所未言及。这些著作，为研究15世纪初期亚非各国的历史状况，提供了翔实可靠的资料。郑和还总结航海经验，写出了《针位编》，成为远洋航行的宝贵资料。他在第七次航海前（1431年），曾在福建长乐天妃宫立碑，记载了前6次航海的经过，这是我国航海史上的重要文物。

郑和七下西洋，始终奉行了“宣德化而柔远人”的政策，以和平友好为宗旨，加强中国与东南亚、南亚和非洲各国的友谊。郑和船队对异国不怀有任何野心，它以建立和发展同各国人民的友好关系为使命，从不以奴役他族为荣，绝不以强凌弱，以大欺小。所到之处，皆平等待人，秋毫无犯。即使是在贸易的过程中，船队成员也都能入乡随俗，买卖公平，从未倚仗武力强买强卖。由于七下西洋出色地完成了和平友好的使命，使得中国在西洋诸国的声望大大提高，故而许多国家都纷纷遣使前来表示友好。以《名山藏·王享记》所列东南夷59国为例，永乐年间遣使往来的就有43国。永乐九年（1411年），满剌加国王率妻子、陪臣等来朝，使团成员多达五百余人；渤泥国王不幸病逝于北京，成祖为之辍朝3日，并葬于德安门外，谥曰“恭顺”；苏禄国王在归途中病逝于德州，明朝政府亦葬之以礼。永乐十四年（1416年），遣使至中国的有古里、爪哇、满剌加等18国。永乐二十一年（1423年），西洋来贡者共16国，计一千二百多人。这些友好的交往，与地理大发现时期欧洲航海家的海盗行径，有着根本性区别。后者每到一地，往往先立石“留念”，以表示他们的国家占领了这个地方。为了得到黄金和土地，他们常常将掠夺、奴役和杀人越货作为主要手段。

当然，我们在审视数百年前的这段历史时，也毋庸讳言，郑和下西洋亦有着相当大的负面影响。首先，从郑和的出身来看，他是内官监的太监，而内官监在当时是负责采办宫廷所需的一个机构，皇室所需的各种奇珍异物，大都要向海外寻求。而这些，正是郑和的职责所在。郑和下西洋，每到一地，除了颁发明历、印信以及大量的金银赏赐外，主要就是办理皇差——从事贸易活动。郑和船队有宝船六十余艘。宝船，又名“取宝船”或“宝石船”。顾名思义，下西洋的主要目的之一就是猎取宝货（如珍珠玛瑙、奇禽异兽等），以供皇帝及其家族享用。故而船队每次出使归来，都带回了诸如象牙、染料、香料、胡椒、硫磺和宝石等西洋土特产或手工艺品，甚至还有各种珍禽异兽，如狮子、鸵鸟等，所谓“归到京华觐紫宸，龙墀献纳皆奇珍。重瞳一顾天颜喜，爵禄均颁雨露新”，说的便是当日的真实情状。远征的开销除了来自皇帝的私囊及其代理机构外，不少也由沿海各布政司负担。远洋航船是在南京龙江船坞建造的，每只宝船的造价需五六千两白银。水手则招自福建，船队由 2.7 万名左右的水手操纵。所载的货物包括上等丝绸、刺绣和其他的奢侈品，作为在航程中赠送给当地统治者的礼物。七次下西洋带走了大量财货，如金银、丝绸、瓷器、铁器、铜器以及钱币等。这些财货除部分用以交换海外珍宝和方物外，许多都是无偿的赏赐品。据《广志绎》记载，明初府库充溢，郑和下西洋时，赍银 700 余万，十载后仅剩百余万，所费计 600 万两白银。这些开销除用以海外贸易者外，大多用于赏赐。庞大的船队需要巨额的开支，但换回的物品却大多是珠宝、象牙、香料和犀角等奢侈品，这就大大加重了一般百姓的经济负担。对此，罗懋登的《三宝太监下西洋记》曾形象地描绘了明成祖的心态。它指出朱棣对郑和船队下西洋，也是“一则以喜，一则以惧”。喜的自然是明朝的声威远被，而惧的则是：“这个船数又多，制作又细，费用又大，须是支动天下一十三省钱粮来，方才够用，这不是一则以惧？”此虽小说家言，但却反映了当时的真实情形。因此，史书上称郑和下西洋为“宝船弊政”。

其次，当时的中国只有“天下”观而不曾有“世界”观。明成祖在南京天妃宫碑上勒石留世的诗中这样写道：

> 视天下兮福苍生
> 民安乐兮神悠宁，
> 海波不兴天下平，
> 于千万世休养声。

这里的“天下”，既指明朝的两京十三布政司，也包括中国四周的“外夷”。明朝统治者对外并无平等的国家观念，而是实行一种怀柔政策，以“天朝上国”之君主自居，通过“宣德化而柔远人”的方式，让一些国家前来“朝贡”，表示对中国的“臣服”，以满足“唯我独尊”的虚荣心。尽管下西洋是一种政治行动，为此在经济上作一些必要的牺牲本无可非议。但这种怀柔政策，是以中国在经济上吃亏，而在政治上得到虚名来实现的。“厚往薄来”，从不计较海外诸国贡物的好坏多寡，回礼一律从丰，以奖励他们远来中华的诚心。郑和下西洋的主要目的在于扩大政治影响，而不在于发展海外贸易，故出使期间所进行的贸易，都被限制在“朝贡贸易”的范围之内。许多国家在朝贡的名义下与中国做着发财的生意，这种千载难逢的机会，使得外国使节们以空前的规模从各个地方带着贡品来到中国。虽然熙来攘往，煞是热闹，但这种朝贡贸易，对于中国而言只有政治意义，而无经济价值，反而成为国家财政的一个沉重包袱。早在永乐年间，明朝政府就已经深深地感到朝贡贸易是一项重大的经济负担，郑和下西洋招来的一批又一批的使节，使得赏赐开支应付不暇。据统计，永乐年间，每年来贡的外国使团平均有 7 个。在六下西洋回朝时，竟出现了 16 国派遣使臣 1200 人同时来朝的局面，这确实是旷古未有的“盛事”。不过，在统治者为此心花怒放的同时，由此颁发的赏赐品之耗费，显然也是空前的。就这样，朝贡贸易的规模越大，明政府的开支就越多；前来朝贡的次数越多，明朝财政的亏损就越大。长此以往，必然会导致国库枯竭、财政短绌。很明显，这种只算政治账不算经济账的做法，一旦国力衰落，自然便难以为继。故而明代中叶以后，便再也无法派人出使西洋。

其实，对于下西洋，朝廷中一直就存在着反对意见。永乐末年，当年曾支持下西洋的袁忠彻就曾“谏取宝之非”。永乐十九年（1421 年）四月，北京皇宫三大殿遭回禄之灾，明成祖“诏求直言”，翰林院侍读李时勉等极言下西洋之弊。成祖虽龙颜不悦，但还是下令暂行停止下西洋的举措。此后，对下西洋的非议日渐增多。成祖死后，即位的明仁宗即从原户部尚书夏原吉之言，下诏：“下西洋诸番等国宝船悉皆停止。”直到 6 年后，宣德皇帝才组织了第七次下西洋。以后，以王景弘为首又进行了一次远航。此次远航仅至苏门答腊而返，其规模自然已不能与此前的郑和七下西洋相提并论。成化十一年（1475

年）冬十月，宪宗皇帝一时心血来潮，下诏查阅西洋水程档案，大有重差宝船下西洋的雄心，但遭到兵部车驾主事刘大夏的反对。他指出："三保太监下西洋，花费了钱粮数十万，军民死亡数以万计，纵得奇宝而回，于国家何益？这只是一大弊政，作为大臣应当切谏，所以旧案虽存，也应毁掉，以彻底根除祸患。"于是，郑和下西洋的档案记录，便被刘大夏所烧毁。

最后，郑和七下西洋，规模最大的一次是由2.7万余人、二百多艘船只组成的庞大船队，其船舶技术之先进，航程之长，船只吨位之大，航海人员之众，组织配备之严密，航海技术之先进，影响之巨，在当时的世界上，都是罕有其匹的。正如前文所指出的那样，他们的航海成就显然丝毫不比西方人逊色，甚至在航海时间、船队的规模以及航海技术诸方面，均是哥伦布等人的航海活动所望尘莫及的。然而，我们应当看到，郑和远航与西方人开辟新航路的结局，却有着截然不同的后果。郑和下西洋的航海活动虽然声势浩大，但明成祖和郑和死后不久，中国船队便绝迹于印度洋和阿拉伯海，中国的航海事业突然中断了，这使得中国与西洋各国业已建立起来的联系戛然而止。从此，中国人传统的海外贸易市场逐渐被欧洲人所占据，并最终退出了正在酝酿形成中的世界市场。相反，哥伦布和达·伽马开辟新航路后，在西欧激起了远洋航海的热潮。在中国，作为国家的政治任务，郑和下西洋对于中国经济的刺激作用微乎其微。而在西方，东方的商品和航海贸易的利润直接加速了资本主义的原始积累。美洲的发现，绕过非洲的航行，给新兴的资产阶级开辟了新的活动场所，从而揭开了资本原始积累的序幕。从这一点上看，哥伦布等人的航海活动，对于西欧乃至世界历史的发展，产生了深远的影响，这是先前的郑和下西洋所无法比拟的。

在郑和下西洋之前，中国经济特别是东部沿海地区经济结构的转型，已出现了符合世界历史潮流的新趋向。然而，随着郑和下西洋活动的终止，中国政府将自己与当时正在形成中的世界市场隔绝开来。而新航路的开辟，为西欧新兴的资产阶级开辟了新的活动场所，使欧洲商路和贸易中心从地中海区域转移到大西洋沿岸，欧洲人在海外广阔的领域里建立了众多的殖民地，从而为西欧资本主义的原始积累创造了条件。大量的黄金、白银流入欧洲，引起了“价格革命”——金银贬值，物价上涨，而“价格革命”则是资本原始积累的重要因素之一，它加速了西欧封建制度的解体和资本主义生产关系的发展。从这一点上来看，我们对于郑和下西洋的历史意义，应有恰如其分的估价。

君王与社稷孰重
于谦的悲剧

古语有云："忠臣不事二主。"但如果一位智勇双全的大臣发现他所尊奉的是一个不辨忠奸的昏君，他就会陷入难以抉择的两难境地。在国难当头之际，于谦做出了坚定的选择，由此保全了大明王朝的江山社稷，而等待于谦的又是什么呢？

在美丽如画的浙江杭州西子湖畔，安息着两位中国古代著名的人物，他们虽处不同朝代，但有颇多共同之处：同样品性高洁，赤胆忠心；同样功高盖世，名震四方；也同样功高不赏，惨死在"莫须有"的冤狱之下。其中一位就是宋代著名的抗金将领，曾以"岳家军"驰骋中原，令金朝军队闻风丧胆的传奇英雄岳飞。另一位便是明代大臣于谦。

于谦，字廷益，号节庵，浙江钱塘人。他自幼聪敏，读书过目成诵，行文泉涌，为诗清丽。他仰慕古代正气凛然的仁人志士，特别钦敬钟爱南宋名臣文天祥，立志为国家兴亡赴汤蹈火而在所不惜。他于永乐十九年（1421年）考取进士，从此踏上宦途，在任御史期间，曾出按江西，平反冤狱数百起，赢得明宣宗的信任，超迁兵部右侍郎，出巡河南、山西等地。所到之处，延访父老，体恤民间疾苦，变革害民弊政，威惠流行，远近称颂。离职之时，山西、河南吏民伏阙上书请留于谦者以千数。明正统十三年（1448年），一场突发事变使明王朝濒于崩溃的边缘，于谦正是在这场变乱中力挽狂澜，名震中外，立下不世之功。这就是“土木之变”。

“土木之变”的缘起要从宦官王振专权说起。王振为蔚州人，儒士出身，曾为教官。后自行净身进入皇家内书院，得到明宣宗的赏识，遣往东宫侍奉太子读书。明宣宗去世后，即位的英宗年方9岁。朝中大事由先朝重臣主持，王振善于伪装，使“三杨”（即杨士奇、杨溥、杨荣）等阁臣对其颇有好感，而年幼的英宗在其恩威并施的训导下，不免对他畏惧三分，只呼“先生”而不敢称其名。后来，“三杨”等重臣因年迈体衰，难以继续总揽大权，便给王振造成了广植私党、干预朝政的时机。一次，英宗大宴群臣，按祖训“宦官不得出席朝宴”，没想到王振在内宫大发雷霆。英宗心惊肉跳，赶忙大开宫门，请他参加，文武百官也起身相迎。王振在朝中的地位，由此可见一斑。明代宦官独擅专权，正是从王振开始的。

王振擅权最重要的方式便是控制年幼的英宗，从英宗即位伊始，王振就通过暗中唆使来影响朝政。为了让朝臣感到他的作用，王振时常指使英宗苛责群臣。如兵部尚书王骥奉诏议边疆之事，因故5日没有答复，王振就让英宗召来王骥训斥道：“卿等欺朕年幼耶？”即下令逮捕入狱。朝中言官为讨好王振，经常无端弹劾百官，“自公侯驸马及尚书都御史以下，无不被劾，或下狱，或荷校，至谴谪殆无虚岁”。王振专权的另一个重要手段，就是利用锦衣卫的淫威。他任命其侄王山为锦衣卫指挥同知、王林为锦衣卫指挥佥事。对那些不满其擅权蠹政的官员，凭空捏造罪名，残酷迫害，使得文武百官惊恐不已，更有一些趋炎附势的大臣拼命向其献媚讨好，以避一死。公侯勋戚均感自身难保，恭称王振为“翁父”。

王振专擅使朝野变得乌烟瘴气，而此时北方边界形势日益紧张起来。蒙古瓦剌部强盛，经常向明朝边境发动袭击。本来，明朝初年，政府在击溃元朝残余势力之后，曾在北部及西北部设置由少数部族首领管辖的卫所，瓦剌部崛起后，便逐渐向这些卫所发动进攻，而英宗及王振等人反应迟缓，使得瓦剌部占据了北方及西北部大片区域。正统十四年（1449）七月，瓦剌掌权太师也先借口明朝皇帝失信，不许与之联姻，统率各部向明朝内地大举进犯。其中也先亲率一路人马进攻明朝“九边”重镇大同，结果明朝守军不敌，雁门关外城堡纷纷陷落。

王振有一个特点就是好大喜功。面对边关严峻的形势，他不是统筹部署，调集各路军队组织强有力的反击，而是盲目轻敌，以为“边夷”小敌，不堪一击。为建立不朽之奇功，他极力怂恿英宗亲统大军北征。时任兵部侍郎的于谦与其他文武百官力谏：在没有弄清敌情之前，“六师不宜轻出”。但英宗与王振却一意孤行，仓促准备之后，他们于七月十六日率五十余万大军从北京出发北上。这些兵士多是京中守御之兵，久无训练，出师后又缺乏有效的组织协调，常常内部自相惊扰，士气低落。路过居庸关时，群臣就开始劝谏英宗缓行，英宗惑于王振之言，执意不听。至宣府后，风雨交加，前线屡报也先大军步步进逼，王振不仅不听群臣劝解，反而大发雷霆，责辱上谏者。但到邻近大同的阳和境内，看到被也先杀戮的明朝士兵尸横遍野，救援军士惊恐不已，再加上准备不足，军中已经乏粮，人心大为涣解，毫无战意。

明军进入大同后，狡猾的也先主动后撤，试图引诱明军深入。王振以为也先因胆怯而后退，想乘势追击。但其同党原大同监军郭敬向他详细汇报了也先大军的凶猛，明确指出此系也先的诱兵之计。王振不禁内心惊惧，同意撤军。但在撤军路线上又起风波。王振起先想让英宗至其故乡蔚州，借此光耀门庭，故决定从紫荆关退兵，但行至中途，王振又担心大军路过，践踏了他家地里的庄稼，临时改道宣府，军士迂回奔走，耽误了宝贵的时间。而此时，也先已率大军追袭而来。明朝断后阻敌之兵均遭惨败，局势愈来愈危急。当明朝残军仓皇逃至土木堡之时，王振却坚持暂时屯驻。而此地距怀来县城仅 20 里，王振刚愎自用，不听大臣劝谏，结果又中也先之计，被蒙古大军团团包围。明军无水，饥渴难耐。王振妄图趁也先稍退时移营就水，便离开了刚刚筑就的壕堑。没料到也先大军乘机四面杀来，明军奔溃，一发而不可收。50 万大军灰飞烟灭，死尸遍野，惨不忍睹。明英宗被俘，王振被怒不可遏的护卫将军樊忠以锤击死。这场惨败就是明史上著名的“土木之变”。

英宗与王振出征之时，特命其弟朱祁钰留守京师，其实乃太皇太后张氏主掌朝政。“土木之变”发生后，消息传至京师，朝野顿时陷入一片混乱。英宗北征所带50万人为京师守御之精锐，当时北京城内所剩疲卒羸旅不足10万，人心骚动不安，大臣徐珵（后改名徐有贞）等人倡言迁都，于谦身为兵部侍郎，留守北京，闻听此言，厉声喝道："言南迁者可斩也，京师天下根本，一动则大事去矣，独不见前朝南渡之事乎？请速召勤王兵，誓以死守。"其余文武及太监也赞同于谦之言。张太后这才打消了迁都的念头，决意坚守北京。消息传出，京城官民才开始恢复平静。张太后命郕王朱祁钰总制朝政。

谁也没有想到，朱祁钰摄朝第一日，风波骤起。不少朝臣痛定思痛，对王振的专断胡为切齿仇恨，右都御史陈镒等人在朱祁钰上朝之时，上前失声痛哭，请求族诛王振，以谢天下。王振死党锦衣卫指挥使马顺叱令群臣退下。给事中王竑扑上前去抓住马顺的头发，张口咬其肉，并骂道："汝倚王振作威作福，今日还敢如此！"怒不可遏的文武百官忍无可忍，一拥而上，围住马顺，拳脚齐下，马顺立即毙命。当时场面混乱已极，马顺手下卫士与群臣对峙，如不制止，将无法收拾。郕王朱祁钰手足无措，欲起身回宫。在场的于谦挺身而出，上前护住朱祁钰，请他宣谕群臣道："马顺罪当加诛，殴击者不加追究。"闻听此谕，文武百官才镇静下来。混乱之中，于谦袍袖均被撕裂。紧接着，朱祁钰又命捕来王振死党王山，押至刑场处死，下诏将王振家族无少长皆斩，籍没其家私，抄得金银六十余库，珠宝无数。京师官民无不欢悦，奔走相告。

在这一系列突发事变中，于谦正义凛然，当机立断，受到朝野人士的崇敬。当时德高望重的吏部尚书王直拉住于谦的手，感慨万千："国家危难之时，正赖于公辈支撑。今日之事，虽有百个王直，又有何用！”众望所归，于谦也毅然以社稷安危为己任，数上守御之策，郕王朱祁钰全部采纳。于谦预计，也先在“土木之变”后，俘获英宗，必定借中原混乱之际，长驱南犯。京师兵寡，必须四出募兵增援。另一方面，北京要做好一切防御准备。缮器甲，修战具，分兵把守京师九门，在城郭之外屯扎，将附郭居民迁入城内。同时，选用一批有才干的文武官员以充重任。于谦慨然承诺：“军旅之事，臣身当之，不效则治臣之罪。”这种临危不避艰难的无畏精神深深打动了朱祁钰，因而对于谦言听计从。

其实，在“土木之变”英宗被俘后，一件最敏感、也最棘手的问题已摆在文武百官面前。“国不可一日无君”，在中国历史上的封建王朝中，国君是至高无上的统治者，是国家一切权力与利益的化身与主宰。而明英宗的被俘就使得明王朝陷于极度尴尬之中，国君与王朝实体发生了分离。英宗被掳，在蒙古人的逼迫下，频频向明朝各地索要财物，甚至要求守军开关相迎，使得明朝官民无可奈何，左右为难。如瓦剌军拥英宗到大同城外，守将郭登闭关不纳，英宗遣人口谕郭登道：“朕与汝有姻亲之谊，为何拒朕如此？”郭登慨然回奏道：“臣奉命守城，不知其他。”英宗深恨之。可见，明朝诸臣已陷入忠于君王还是捍卫社稷的困惑之中，郭登刚烈，拒而不纳，其实就是做出了舍君主保江山的选择，这当然承担了极大的风险，英宗还是王朝的皇帝，抗旨不遵、欺君犯上均是大逆不道的罪行。

另一方面，张太后在得知英宗被俘之后，意识到“神器不可无主”，为了稳定百官情绪及避免发生皇位之争，抢先定议立英宗长子朱见深为太子，令郕王朱祁钰辅政。朱见深年仅两岁，朱祁钰并无大权在握，指挥调动力不从心，各地守军均处于观望之中，无所适从。而也先挟持英宗四处索要财物后北归，暂事休息，但不久定会卷土重来，如英宗被胁持同征，将会使于谦等人的努力付之东流，北京只能拱手相让。随从英宗的宦官喜宁被俘后，不仅将中原机密军情泄露给也先，而且为也先献计，教其奉英宗至边关，胁迫守将开关，并下诏命总兵官出迎，趁机擒捉，这样可以不费吹灰之力，占据北部中国。也先大喜过望，决定依计而行。

残酷的现实逼迫明朝文武做出明确的抉择，于谦等人审时度势，斟酌利弊，终于在九月初一联合奏请张太后道："英皇被掳，皇太子年幼，古人云：'国有长君，社稷之福。'请定大计，以安社稷。"主张立郕王朱祁钰为帝。张太后应允，于谦等群臣便以太后之命谕告朱祁钰，令登大位。据说，朱祁钰惊慌之下再三谦让，甚至逃回自己的府邸。于谦等文武大臣苦苦恳求，于谦道："吾等并非出于私心，欲冒拥戴之功，而是为社稷的安危着想。"恰巧此时都指挥岳谦出使而还，口传英宗之旨，因郕王贤明老成，命即皇位以继奉祀。朱祁钰这才答应下来，于九月六日登基，遥尊英宗为太上皇帝，以次年为景泰元年（1450 年），朱祁钰是为景泰皇帝（或称代宗）。

事实证明，于谦等文武百官的估计是完全正确的，景泰帝的及时登基挫败了也先等人的阴谋。十月初一，也先果率瓦剌大军拥挟英宗再临大同城下，谎称奉送上皇返京，令郭登等守将开关迎接。郭登严命军卒戒备，并派遣使者转告也先道："仰赖天地宗社之灵的佑护，国家已有帝王矣。"也先不敢强攻，只好绕过大同继续南进。郭登立即派人前往北京告急，京师闻讯，全城戒严。朱祁钰一方面下诏令诸位藩王遣兵入京勤王，另一方面命于谦提督诸营将士，全权负责节制，都指挥以下不听命者，可以先斩后奏。当时也有人不满朱祁钰给予于谦太大的权力，太监兴安辩解道："为国分忧，如于公者宁有几人！"确实，"土木之变"后，于谦临危受命，日夜操劳，不仅为朱祁钰及朝中文武所依赖，而且对鼓舞京中军民士气起到了重要作用。但被于谦弹劾的一些不称职的大臣，自然对于谦非常嫉恨。当朱祁钰与满朝文武商议防御对策之时，于谦又显示出杰出的军事才能。总兵官石亨建议尽闭京城九门，不出城迎战，借此来拖垮瓦剌军队。于谦表示反对，认为也先气焰嚣张，如不出战，更使其感到有恃无恐，因此主张明朝守军全部到城外迎敌。这一对策得到了朱祁钰及文武大臣的支持。

根据这一对策，于谦将京城守军二十余万全部列营于京师九门之外，尽闭城门，表示誓死一战，决不后退之意。于谦与石亨等人驻扎于德胜门外，正当兵锋之处。同时下令："临阵之时，将领先退，斩其将；军卒不听指挥先退，后队斩前队。"身为主帅的于谦全副甲胄，处处身先士卒，亲至阵前，慷慨陈词，声泪俱下，晓谕三军将士以忠义报国。明朝守军极为振奋，士气高昂，发誓要与瓦剌军死战，与京师共存亡。

就在明朝守军严阵以待之时，瓦剌大军也进逼到北京城外。十月十一日，也先等人挟持英宗登上土城，叛敌宦官喜宁唆使也先令明朝大臣出迎圣驾。景泰帝朱祁钰无奈，派王复、赵荣等人出城朝见。也先嫌这二人官小，要求于谦、石亨、王直等大臣出面，且索要金帛以万万计。景泰帝与一些大臣慑于也先等人的蛮横，有心议和，但于谦坚决反对，誓与之决战。

当瓦剌骑兵进攻德胜门时，于谦设伏兵，诱敌深入，然后出其不意，合围痛击，瓦剌军伤亡惨重。其他各处明朝军队也取得了胜利。当瓦剌军士回到土城一带，这一带居民登上屋顶，以瓦片痛击敌军，明朝援军又及时赶到，也先军队被迫后撤。

与此同时，攻打居庸关的瓦剌军队也遭重挫，消息传来，也先惊惶不已。又听到明朝各地援军也将赶到，也先已无心再战，拔营起寨，撤围北遁。明朝的北京保卫战获得了重大胜利，为了奖励于谦、石亨等人的功劳，特封石亨为武清侯，于谦加少保，总督军务。

也先的失败引发了瓦剌内部固有的矛盾。可汗脱脱不花不满也先的专权，遣使与明朝通好，景泰帝依从大臣之议，厚加赏赐以图离间。也先虽有此败，实力并无大耗，在喜宁的撺掇之下，又向明朝边境发动攻击。没想到在大同，明朝守将郭登出奇计，以 800 骑大破瓦剌军，以功封定襄侯。身陷敌营的英宗也十分痛恨喜宁诱敌寇边，设计使其至北京索要财物，密信谕边臣擒之，结果，喜宁被诛。从此也先因不明各地军情，不敢轻举妄动。脱脱不花等人与明朝通好后，先后撤回了所部兵马，也先在频频受挫之后，也无心再战，于是开始以归还英宗为条件，与明廷进行和谈。至此，应该说，于谦领导的北京保卫战取得了决定性的胜利。

一波未平，一波又起。明廷上下来不及庆功行赏，就在和议及迎取英宗的问题上展开了激烈的争执。起先，也先以英宗为要挟，常以和议为敲诈的方式，明朝君臣多次予以坚决回绝，但这次也先遣使奉书前来议和，显然是有一些诚意，这倒使明朝君臣着实为难。大臣王直率群臣上言："也先请还上皇，与我和议，确为转祸为福之机，请应允其请，迎回圣驾。”没想到这一席话正好触痛了景泰帝的心病。“天无二日，国无二君”，迎回英宗必然引起皇位之争，景泰帝为英宗之弟，理应让出大位，可这当然是景泰帝极不情愿的事。因此，景泰帝以也先多次借和议相欺诈为由，加以拒绝。可是不久，瓦剌使者又至，王直等人又上奏道：“太上皇蒙尘朔北，理应迎回，莫贻他日之悔。”景泰帝顿时不悦道：“朕并非贪恋大位，当初是诸位拥戴，固非朕本意。”此言一出，在场的文武百官瞠目结舌，不敢再言语。

显然，景泰帝是将迎英宗回銮与迎英宗复位等同起来，这是最敏感又最棘手的问题，景泰帝是在逼迫群臣对这一根本问题作出答复，文武百官自然语塞，不敢妄言。在一片寂静之中，于谦当机立断，从容不迫地回答道：“天位已定，宁复有他？顾理当速奉迎，万一彼果怀诈，我有词矣。”景泰帝闻听此言，喜上心头，不觉和颜悦色地说道：“从汝，从汝。”至此才议定奉迎之事。于谦的抉择无疑是明智而可行的，如果没有明确景泰帝的合法合理地位，片面强调奉迎英宗，必将导致新的皇位之争，以弟让兄，顺情合理，这当然是景泰帝所无法接受的。而另一方面只顺从景泰帝之意，拒绝奉迎英宗，于情理不合，必遭天下吏民耻笑。故而，于谦首先承认景泰帝的合法地位不可动摇，令景泰帝消除疑虑，同时指出奉迎为情理中事，不得不行，这使得景泰帝也无法拒绝。

于谦的建议是当时唯一可行的方案，但其倾向性也是相当明显的：自从“土木之变”英宗被俘后，于谦便一直主张“社稷为重，君为轻”，这是敦促景泰帝即位的重要理由，根据这一观点，社稷高于一切，君王可以更改。正是在这一主张的支持下，于谦等人拥立景泰帝，保卫北京，彻底粉碎了也先、喜宁等人以英宗为要挟的图谋。在国家危难之时，做出明确的选择，力挽狂澜，使大明王朝逃过了自开国以后最大的一场劫难，于谦居功甚伟，其临危不乱的抉择也是无可挑剔的。这也是导致也先放归英宗的最主要的因素。

但是，英宗有望回銮之时也正是于谦等人更为尴尬之日，社稷安然无恙，而君王却只能有一位，于谦毅然选择了景泰帝，也就将自己的命运与景泰帝联系在一起了。其他文武大臣犹豫不决，首鼠两端，在这两难的选择中徘徊。以刚烈著称的于谦自然不会做此妇孺情态，后来的事实证明，这种鲜明的态度虽然无可厚非，但他本人必须承担由此招来的风险。英宗就对于谦"社稷为重，君为轻"之言一直耿耿于怀。

景泰帝不愿意其兄回归的态度是非常明确的，就在廷议完毕之后，还使太监兴安出面声色俱厉地斥责群臣："公等欲报使塞上，谁能担当此任，难道他想以此成为文天祥与富弼吗？"在场的老臣王直忍无可忍，回答道："臣等既食国家俸禄，难道能够临难退缩？"兴安这才无话可说。礼科都给事中李实慨然请行，景泰帝下诏升李实为礼部侍郎，与罗绮、马显等人一同前往。但李实拿到景泰帝致也先敕书后，发现其中并无迎取英宗之言，大惊失色，急请入宫求见。途中遇到兴安，兴安斥责道："你只管奉敕前往，其余事休得干预！"李实无可奈何，索然而返。

李实等人到达瓦剌大营之后，也先即命前往参见英宗。君臣相见不免感泣不已，尔后，朱祁镇迫不及待地询问："我在此已有一年，为何朝廷不迎我回？”又道，“你们回复当今皇帝并文武群臣，我回去之后，看守祖宗陵寝也可，做一百姓也可。”这表明朱祁镇当时一心只想回到北京。李实见到也先后，也先也讲道：“皇帝敕书中只讲和议，并无奉归太上皇之意。他留在这里，只是一个闲人，我还你们，也好图一个千载美名。请回去奏知当今皇帝，务差太监及老臣来接。”可见，也先交还朱祁镇的态度是相当明确的，李实自然有苦难言。

在群臣的推动下，景泰帝无奈，又派杨善领衔出使。而这次敕书之中依然没有奉迎英宗之语。杨善见到也先后，也先不免困惑，幸而杨善机智巧辩，他解释道：“吾君乃欲成就阁下之美名，若敕书明载，公等就是无奈迫于君命而为之，如何能显现公等求和的诚心？”也先闻之大喜，同意放归朱祁镇。可见，英宗朱祁镇的回归并非景泰帝之意。明清史专家孟森曾精辟地分析道：“（《明史》）以此归功于（杨）善之辞令，辞令特实力之外表耳！不有主战之君相，戮力之诸将，敌岂口舌所能挫？此古今论交涉之标准也！”

英宗回归可谓是历经磨难，不幸之中的万幸。本应该是“历尽劫波兄弟在，相逢一笑泯恩仇”皆大欢喜之事，但由于景泰帝的度量狭小，猜忌过甚，使明廷迎接太上皇之事一波三折，这必然使落难的朱祁镇“别有一番滋味在心头”。英宗被瓦剌人放还，其身为太上皇，理应隆重相迎，而景泰帝传旨以“一舆二马”迎于居庸关，至北京安定门再易法驾。给事中刘福上言此礼太薄，景泰帝回答说：“昨得太上皇书信，要求迎驾礼从简，朕岂能违背其意！”满朝文武吓得不敢出声，恰巧此时千户龚遂荣上书，再请厚待英宗，王直等人将书呈上，再次进言，景泰帝极不高兴地加以拒绝。

英宗朱祁镇好不容易回到北京之后，日子并不好过，景泰帝十分担心他争夺皇位，迎回之后，使居南宫，开始了实际上的软禁。景泰帝不许朝臣拜见英宗，也不许英宗与大臣私自往来。在“土木之变”之前，朱祁镇毕竟已做了 14 年的皇帝，在瓦剌军中只有一年左右的光景，“虎走威犹在”，他对群臣的影响是难以忽视的，景泰帝不得不防。景泰帝的另一桩心事便是英宗长子朱见深犹为皇太子，因而他一心想易储，让自己的儿子朱见济为太子。贴身太监知道景泰帝之心，便向诸大臣进行试探。恰巧，有一位广西土官因犯杀人罪，害怕朝廷处置，便上书谴责朱祁镇误国，请易东宫以安天下。景泰帝闻之大喜，召集群臣进行商议。在场群臣默不作声之时，太监兴安倡言同意者签名，群臣不敢公开反对，一一签名，名正言顺地立朱见济为太子，原太子改封为沂王。

当时，于谦作为景泰帝仰赖的重臣之一，努力加强京师防御力量，以确保北京的安全。他集中力量改革京营兵制，其中创立的“团营”，是对明朝军事建设的重要贡献。明朝京师守军分为五军、三千、神机等三大营，由于创置年代各异，自成体系，互不相属。于谦在三大营中选出 10 万精兵，分 5 营团操，后扩为 10 营。组织严密，层层节制，10 营设一总兵官，直属兵部统辖。于谦的改革大大增强了明军的战斗力。

经过一番努力之后，景泰帝似乎稳坐大明天下了，由“土木之变”引发的困厄似乎也烟消云散了，可是天有不测风云，另一场灾难悄然而至。景泰帝四年（1453 年），新立太子朱见济忽然病死，皇储之事再次让景泰帝大伤脑筋。因为他只有这一个儿子，有些不知趣的官员即上疏请求复立英宗之子朱见深，不由得使景泰帝恼羞成怒，下旨严刑拷讯。另一方面更加强了对南宫朱祁镇的监视与控制。时至景泰八年（1457年），朱祁钰一病不起，东宫太子还未确定，这引起了群臣的焦虑，景泰帝坚持不肯放弃帝位。于谦率文武大臣日日上疏请求尽早决定东宫储位，可景泰帝迟迟不予答复，只答应正月十七日上朝时定议。而就在十七日早朝之前，发生了明史上有名的“夺门之变”，深居南宫的朱祁镇在石亨、徐有贞等人密谋下重登皇位，故又称“南宫复辟”。

事前，石亨曾至景泰帝病榻前探视，看到景泰帝并无康复希望，又风闻王直等重臣有复立朱见深之意，便与张軏、杨善及太监曹吉祥等人密议，认为复立东宫不如使太上皇（朱祁镇）复位，可邀功赏。他们将此议谋于太常卿许彬，许彬深表赞同，并推荐“善奇策”的徐有贞。徐有贞得知此事后，要求石亨等人必先取得朱祁镇本人的同意，至正月十六日，石亨等人又找到徐有贞，告知已得到太上皇的首肯，徐有贞在观看天象之后，决定当夜动手。

景泰帝早已决定十七日上朝，于谦、王直等朝臣也联合写好奏疏，请复立朱见深为太子。就在此时，石亨、徐有贞等人抢先一步，采取了行动。他们率家兵混在守御军士之中，趁暮色进入大内，到南宫门外，门锢不开，便指挥兵丁悬巨木毁墙而入。用辇将朱祁镇抬至东华门，守门者拒而不纳，朱祁镇宣言道：“我太上皇也。”守门者畏惧，开门放行。徐有贞等人进入奉天殿之后，鸣鼓开门。当时，等待早朝的百官正在班房等候，忽闻殿上大乱，震愕不已，徐有贞大声宣布：“太上皇复位矣！”令百官朝贺。朱祁镇也宣谕群臣各就其位如故。徐有贞被命入内阁，参与机务。

“夺门之变”后，于谦成为首当其冲的受害者。其实于谦并没有公开反对英宗复位，但是英宗复出自然要小试牛刀，杀一儆百，以重现往日的威严，策划“夺门之变”的几个人既为了证明自己行动的正当，也为了震慑文武百官的不满情绪，于是，于谦就成为不可避免的牺牲者。这次“夺门之变”的主要策划者徐有贞，就是在“土木之变”爆发后倡言迁都的翰林侍讲徐珵，这一建议遭到以于谦为首的文武大臣的一致痛斥，并当场被太监金英等赶出朝堂。这莫大的羞辱使得他万分难堪，恼羞成怒，对于谦等人怀有切齿的仇恨。景泰帝对徐珵也十分鄙薄，这自然就影响了徐珵本人的升迁。一次，徐珵极想得到祭酒的官位，景泰帝审阅卷宗时说道：“此人就是那位主议南迁的徐珵吗！朕看此人为人奸诈，包藏祸心，以其为祭酒，将败坏诸生的心术。”予以断然拒绝。而当时景泰帝特重于谦，尤其在官员的任免选拔上更是言听计从，徐珵以为是于谦从中作梗，对于谦的怨恨与日俱增。尔后，徐珵巴结大臣陈循，陈循劝其更名以瞒过景泰帝，徐珵便改名为徐有贞，果然瞒过了景泰帝，方得到擢用。“夺门之变”后大权在握的徐有贞为雪耻报仇，自然首先拿于谦开刀。

“夺门之变”的另一个主要人物——石亨，本是于谦一手提拔起来的将领，于谦对其有知遇之恩，按理说，他对于谦应知恩图报，但因于谦性格过于刚直无私，与石亨的关系也相当紧张。如在北京保卫战胜利后，石亨被封武清侯，总制京师兵马；而于谦居功第一，只是官加少保，由二品进至一品。石亨不免心中有愧，便有意推荐于谦之子于冕为官，于谦坚决拒绝。他说：“国家正值多事之秋，臣子不能顾及私恩，石亨虽位至大将，但没有为国家举荐人才，而单独推荐臣之子，必遭非议。臣对于军功力避侥幸，绝不敢对亲子滥行功赏。”“纵然臣想为子求官，也应亲自向圣上求情，何必假石亨之手。”于谦的这些话义正词严，掷地有声，但石亨听后却极为恼怒，因为于谦不仅不领情，却反过来在景泰帝面前揭他的老底与不良用心。石亨本人虽为武将，但禀性贪鄙，于谦并非不知，只是国家用人之日，不好求全责备，且于谦素来功过分明，不树私恩。后石亨侄子石彪贪暴不法，于谦上奏弹劾，石彪被斥谪守大同，石亨更加恼怒不已，早欲伺机报复。

于谦忧国忘家，特别是在瓦剌大军南侵之时，常常以朝房为寓舍，不回家休息。他曾与太监曹吉祥等同掌军务要事，明知曹吉祥等在宫中的势力，却丝毫不为所屈，傲骨铮铮，直言不讳，对心术不正之徒多有冲撞，因此，同朝大臣及太监嫉恨于谦者并不在少数，曹吉祥与张机等人都受到过于谦的弹劾，积怨心中已久。“夺门之变”后，于谦成为众矢之的，难逃厄运。于谦忠心报国，以江山社稷为重，也自知积怨甚多，日后必遭小人报复，但依旧以天下为己任，无怨无悔。他常感叹道：“此一腔热血，竟洒何地！”语意之悲凉，实令人黯然神伤。

徐有贞等唆使言官弹劾于谦、王文等人，理由是阴谋拥立其他亲王为东宫太子，王文据理力争，辞气俱壮，徐有贞理屈词穷，诡辩道：“虽无显迹，意欲有之。”三法司官员为迎合徐有贞、石亨等新贵，最后竟以“意欲”之罪定刑处斩。面对这莫大的冤枉，王文等人更加愤慨，唯独于谦坦然笑道："抗辩能得生耶？于事无补，彼等就是欲置我于死地，根本不管事证如何。"卷疏上报英宗，英宗也觉处置太过，说道："于谦实有大功于国家。"徐有贞迫不及待地上前言道："不杀于谦，今日之事无名。"闻听此言，英宗顿时语塞。

这句话深深地刺痛了英宗的心，这位重新复位的君王登时回想起"土木之变"后自己亲身经历的种种不堪回首的日子。同时自然不会忘记于谦那"社稷为重，君为轻"的主张，英宗没有将由宠任王振而使百姓惨遭涂炭的责任揽在自己身上，却把自己所受的磨难归咎于谦。按这种逻辑，身为万乘之尊的朱祁镇马上变得一钱不值，曾一度将他视为无价之宝的也先后来甚至以他为赘物，将其送回以讨好明朝。这种冷落与屈辱在英宗的心中不可抹灭，想起这一切，英宗对于谦的仇视是可想而知的。于谦是不欢迎他朱祁镇做皇帝的，"夺门之变"可以说是名不正言不顺，如不横下一条心，这皇帝宝座怎么坐得下去呢？于是，英宗杀机顿起，命将于谦等人在东市处斩。

面对莫须有的诬陷与栽赃，面对无耻之徒的挟私报复，于谦并不是不想抗辩与申诉，但他内心明白，自己是逃不过英宗的报复的。同样，满朝文武大臣也十分清楚这一点，他们之中也不乏良知未泯之士，但谁也不敢在此时抗颜强辩，为于谦鸣不平，根本原因就是他们与于谦一起拥立景泰帝，在对待英宗的态度上也是模棱两可，他们同样害怕英宗进行追究。因此，于谦之死，从根本上说是有关皇帝废立的政治问题，拥立并忠于景泰帝的于谦在英宗复位之后，只有死路一条，这恐怕也是素称"刚烈忠义"的于谦无奈的结局。他保全了社稷，却无法保全自己的性命。

徐有贞、石亨等人实为野心勃勃的政治投机家，得志之后自然忘乎所以，擅作威福，横行一时。但好景不长，为争权利，互相倾轧，徐有贞被贬流放边地，曹、石等人均因图谋不轨，先后败露而不得善终。同时，也有人开始对不光彩的“夺门之变”作了重新评判。如大臣李贤上言道：“这个事件可以称为‘迎驾’，而不能名为‘夺门’，皇位本是陛下固有，‘夺’就有僭越之意，徐有贞等人侥幸成功，万一事机泄露，石亨等人生死固不足惜，而将置陛下于何地？若景泰帝沉疴不起，群臣必表请圣上复位。石亨等人虽欲升赏，以何为功？社稷老臣不至于被杀戮降黜；石亨等人也无从招权纳贿。国家太平气象，如今被此辈奸人损削过半。”英宗深表赞同，命今后不得用“夺门”之字，罢黜由徐、石等人滥封官位之人，但对昭雪于谦之事，只字不提，可见其内心积怨未消。

明人于慎行在《谷山笔麈》中云：“秦桧杀害岳飞，世人都以为是秦桧为遵守与金人达成的协议，然综观史实，并非如此，杀害岳飞乃高宗之意，高宗不愿迎回徽、钦二帝，秦桧知其意也。”这一分析是相当透彻的。同样，明景泰帝不愿英宗回銮，也是司马昭之心，路人皆知的。于谦以江山社稷及黎民百姓为重，拥立新帝，击溃强虏，奇功卓著，却因此面临更加艰难的抉择，如果没有于谦力挽狂澜，英勇反击，也许大明江山将丧失大半；如果没有于谦“社稷为重，君为轻”的严正宣言，蒙古人也不会轻易将英宗放回。

应该承认的是，在奉迎英宗的问题上，于谦确实犹豫再三，同样着眼于江山社稷，在选择的天平上，于谦是倾向于景泰帝一边的，他对英宗的昏庸与妄为不可能没有自己的评价和看法，也就在这一点上，于谦为自己设下了危险的陷阱。在封建王朝中，只有专制帝王对其臣子有生杀予夺的大权，而不存在臣下选择帝王的自由，否则就是大逆不道。这就是于谦悲惨结局的症结所在！

智者的困惑
王守仁平定宸濠之叛

一代思想巨擘王阳明在中国哲学史上占据着显赫的位置，同时，他凭借自己的聪明才智取得了赫赫战功。但这样一位大人物的仕宦生涯却相当坎坷，先是在朝堂之上被打得皮开肉绽，后又被发配到极为荒僻的边地。即使是在战场上取得辉煌胜利之后，依然频频遭到暗算……

明正德元年（1506 年）的冬天，有一位朝官因上疏救助遭诬陷的同僚，触怒了当朝大太监刘瑾，在殿堂之上受廷杖四十，险些丧命，后被贬至贵州龙场驿站为驿丞。龙场地处万山环抱之中，荆棘丛生，蛇虺出没，属尚未开垦的原始荒莽之域。当地居民为苗、瑶等少数民族，与汉族言语不通，因而成为一些中原地区流亡人士的藏身之地：贬谪至此，使这位官员绝望到了极点，自作石椁云："吾唯俟命而已。"他日夜端坐，万念俱弃，以求静一。没想到时间一长，效果极佳，神清气爽，意气焕发，可同行的随从却一一病倒了。于是这位官员亲自动手劈柴做饭，为打破苦闷的气氛，他还歌咏诗句，调唱越曲，逗大家开心。这位官员对哲学思辨兴味浓厚，但对于盛行一时的程朱理学极感困惑，难以信从。深山僻壤的打坐给了他认真思索的机会。一天深夜，他在苦思冥想之中顿悟，大叫道："道即在此矣！"这位官员就是明代大哲学家王守仁，龙场驿站的"顿悟"是其哲学自成体系的开端，也是中国古代哲学史上值得纪念的一天。

王守仁，字伯安，余姚人，因其曾筑室于阳明山中读书，学者又尊称其为"阳明先生"。研究者们将其定为中国古代主观唯心主义哲学的集大成者，他创立的"心学"体系在当时是对占学术界统治地位的程朱理学之一大反动，它的产生与明代中期政治黑暗、危机四伏的社会大背景息息相关。

明太祖朱元璋在建国之初就大兴"文字狱"，加强对天下士人的思想钳制，特别重视对程朱理学的宣扬。明人陈鼎云："我太祖高皇帝即位之初，首立太学，命许存仁为祭酒，一宗朱子之学。令学者非五经、孔孟之书不读，非濂洛关闽之学不讲。"所谓"濂洛关闽之学"，即指宋代大哲学家朱熹等人的哲学体系。从此，程朱理学成为明代的官方哲学，在明代前期，哲学论坛成为程朱之学的一统天下。当时的理学家们将朱熹等人的著作奉为至高无上的教条，顶礼膜拜，不敢有半点的改易。他们的弟子更是"笃践履，谨绳墨，守先儒之正传，无敢改错"，形成循规蹈矩、墨守陈腐的学术氛围。

与这种思想领域僵化混沌、令人窒息的状况相对应，明代中期在"弘治中兴"后，由政治腐朽引发的社会政治危机日益严重。明孝宗朱祐樘是明代历史上声誉颇佳的一位帝王，他在位 18 年，史称“弘治中兴”。他比较有效地遏制了正统、成化以来宦官权力膨胀的势头，广开言路，励精图治，明显缓和了社会矛盾，使大明王朝在开国百余年后出现了“朝序清宁、民物康阜”的安定局面。这种政绩的取得实属不易，明孝宗由此赢得了诸多赞誉之词，后人甚至将他与汉文帝、宋仁宗相提并论。

弘治十八年（1505 年），孝宗病故，15 岁的皇太子朱厚照即位，他就是明武宗。因年号为正德，故又称为正德皇帝。这位正德皇帝的所作所为与乃父相比，有霄壤之别。他不仅将孝宗时期种种兴革的举措废止殆尽，而且醉心逸乐，不理朝政，宦官专权成积重难返、尾大不掉之势。当时京师民谣云：“一为坐皇帝，一为立皇帝。”坐皇帝即为高坐于金銮殿上的明武宗，而立皇帝就是指当朝大太监刘瑾。武宗即位不久，深受宠信的刘瑾即驱走朝中老臣，开始独揽大权，威福任情。朝中大臣惧怕他的权势，谒见时相率跪拜。刘瑾操纵的特务组织“厂卫”人员更是骄横跋扈，妄行无忌。另外，刘瑾还利用各种名目搜刮民财，大兴土木，天下黎民怨气冲天，一次又一次的地方性农民暴动接连发生，统治阶级内部也出现严重的内讧局面。面对这种“山雨欲来风满楼”的状况，稍为清醒的士大夫们陷入了深深的苦闷与忧虑之中，内心充满了危机感。他们中的一些人殚精竭虑地寻找挽救社会危机的出路，王守仁就是其中声名卓著的一位。

王守仁曾惊叹道：“今天下波颓风靡，为日已久，何异于病革临绝之时？”显然，他把当时危机四伏的明王朝比喻为行将就木、病入膏肓之人。他认为，王朝政治危机产生的根源，主要是天下士风的萎靡不振与学术思想领域的浑浑噩噩。他明确指出：“夫天下之不治，由于士风之衰薄，而士风之衰薄，由于学术之不明。”那些日日空谈程朱之学的士大夫其实并不了解学术之真谛，因此欲求天下之治，必先在思想领域正本清源，抛开陈腐的程朱之学，建立起符合时代需要的崭新之思想体系。为此，王守仁进行了成功的探索，“阳明心学”正是这种历史条件下的产物。

针对朱熹有关“天理”亘古不变的观点，王守仁强调“心外无理”“心之本体无所不该”。他主张万物之理与吾心具有同一性，不可截然分开。研究者常常根据这些言论，轻易地将他的主张划入主观唯心主义哲学的范畴，这不免过于简单化了。程朱理学所宣扬的“天理”并非单指物质世界的客观规律，而更主要的是以封建伦理道德体系为核心，即所谓“礼字即理字”。“存天理，去人欲”就是要人人恪守封建道德伦常，不能以己意去辨别与认识。王守仁提出“心外无理”，就是将“心”即人的主观认识能力加以强调。任何理念必须由人主观去思考探索，才能真正被理解与接受，没有经过主观认知的“天理”只是僵死而空洞之物。这种“心”与“理”不可分割的观点可谓当头棒喝，对瓦解程朱理论体系起到了釜底抽薪的作用。

然而，各人的认知能力是不一样的，尤其是在对社会伦理道德思想的理解和诠释上，于是王守仁又提出“致良知”的学说，他认为人人都有良知，他解释道：“知是心之本体，心自然会知。见父自然知孝，见兄自然知悌，见孺子入井自然知恻隐，这便是良知。”这乍一听起来，似乎有浓厚的先验主义的味道，其实这种观点，首先是承认了个人不仅具有认识世界的能力，而且具备评判分析、独立掌握“天理”的主观条件，有了这一主观条件，便可以掌握与拥有“天理”。王守仁进一步阐述：“所谓致知格物者，致吾心之良知于事事物物也。吾心之良知即所谓天理也。”可见，王守仁“心学”的创立本身就是建立在对程朱理学的否认之上，强调在对“天理”的认识与掌握上人人平等，这无疑是一缕振奋人心的解放思想的春风，因而引起当时学者们的强烈反响。其影响极为深远，王守仁本人也因此获得了崇高的声望。明代中期以后，“笃信程朱、不迁异说者，无复几人矣”。明末东林党领袖顾宪成评价道：“正（德）、嘉（靖）以后，天下尊王子（即王守仁）也，甚于尊孔子。”

王守仁哲学思想的另一个重要组成部分，是“知行合一”的学说。朱熹主张“知先行后”，后世士大夫阶层却逐渐形成知而不行的风气，这在明代中叶以后更是具有代表性。王守仁曾批评道：“近世学者将‘认知’与‘行事’分成两码事，强调必须首先弄清欲行之事，然后才能付诸实施，结果导致终生一事不行。”“学者不脚踏实地地解决实际问题，而牵制纠缠于言语的论辩之间，只能走向空洞虚无的迷途。”因此，王守仁提倡“知行合一”，呼吁他的“同志”着手解决面前的社会问题。这才是王守仁创立新的哲学体系的最终落脚点。

王守仁坦言，自己的学说是经过“千辛万苦”才获得的。这说明王守仁在创立自己的学术体系的同时，积极致力于社会政治活动。正如龙场驿站的“顿悟”，正是发生在他人生最为困苦的时候，他在哲学思辨上的进展与其生活实践密切相关。

王守仁，少有奇志。15岁便独自出游天下雄关——居庸关与山海关，纵观天下名山大川。在刻苦攻读之余，尤喜论兵，练得一手好箭法。王守仁自幼对哲学思辨情有独钟，年仅17岁便前往上饶拜会著名学者娄谅，讨论朱熹“格物致知”之学。后从九华山游览归来，筑室于阳明山中，苦苦思考，数年一无所得。弘治十二年（1499年），王守仁考中进士，从此踏上仕途。当时正值弘治晚期，春风得意的王守仁勤勉工作，试图施展自己宏大的抱负。但好景不长，明武宗登基后，局势急转直下，朝政顿时陷入纷扰混乱的泥沼之中。大太监刘瑾专权跋扈，肆意妄为。眼见国家由治而乱，在京做官的王守仁内心愤懑异常，终于在忍无可忍之时，为遭陷害的官员仗义执言。刘瑾极为恼怒，在朝堂之上对王守仁笞以重杖。王守仁被打得皮开肉绽，濒死而复苏，侥幸保住一条性命。据说，王守仁在被贬出京后，刘瑾还派人一路追杀。王守仁伪装投水自尽才瞒天过海，逃出虎口。最后，他因担心连累亲族，才来到龙场驿站。在这里，王守仁于极度苦闷之中顿悟到“心外无理”“心外无物”的道理，从此摆脱了正统思想的束缚，在程朱理学之外另辟蹊径。而龙场驿站之行也是王守仁政治活动的转折点。

正德五年（1510年），刘瑾被处死，附逆的官员受到惩办，王守仁重见天日。朝政虽有所好转，但千疮百孔的破败局面丝毫不容乐观。长期以来，严重的土地兼并与横征暴敛大大加剧了贫富分化，激化了社会矛盾，从而导致“人人思乱”的动荡局势。农民起义此起彼伏，官僚统治集团焦头烂额，疲于应付。封建时代的士大夫常常将王守仁作为士人创立功业的典范，吹嘘他的“八大事功”。在我们今天看来，这些“事功”多数与镇压农民起义相联系，王守仁也因此有“封建朝廷的忠实走卒”与“镇压农民起义的刽子手”的嫌疑。我们当然不能苛求古人，但对这些所谓“事功”也没有称颂的必要。唯有一件“事功”属于例外，这一事件与王守仁的一生荣辱密切相关，这就是“平定宸濠之叛”。

朱宸濠是朱元璋第十七子宁王朱权的曾孙，朱权的封地原在大宁，“靖难之役”后徙封南昌，至天顺年间因“不法”之事革去护卫，改为南昌左卫。朱宸濠于弘治十年（1497 年）继承宁王位。当时明武宗游幸无度，太监刘瑾专权，且世宗无太子，朝野人士危惧不安。朱宸濠感到时机千载难逢，开始暗中活动。他遣太监梁安送刘瑾金银两万，刘瑾便于正德二年（1507 年）矫诏恢复宁王的护卫屯田之特权。刘瑾被诛没之后，朱宸濠的护卫又被革除，但其觊觎皇位的野心却变得愈来愈急切了。为了重新得到护卫及屯田之权，朱宸濠用大量金银贿赂明武宗宠幸的伶人臧贤及左右近侍，同时得到了京中诸权要的暗中帮助，终于如愿以偿，其反叛之心更加坚定，但因考虑到其子有望入嗣东宫，成为武宗的太子，因此一直蓄而未发。

至正德十四年（1519）六月，由于近侍之间的内讧，武宗对朱宸濠的行为有所警觉，再加上许多大臣上书揭露其欺君不法的罪行，武宗决定重新收回宁王的护卫及屯田。朱宸濠闻讯，立即发动了叛乱。他先后诛杀了多名不从的江西地方官，以李士实、刘养正为左、右丞相，参政王伦为兵部尚书、总督军务大元帅。然后从南昌起兵，攻陷九江、南康等地，号称“大军十万”，一时气焰十分嚣张。

当时巡抚南赣的王守仁对朱宸濠的叛逆之心早有觉察。叛乱爆发时，正巧王守仁前往福建地区处理卫所军人作乱事件。幸得有这次公务出行，王守仁才躲过了一场灾难。因为朱宸濠叛乱后，大多数江西省地方官均被捕遇害。在福建事态平息之后，王守仁在返回南昌途中得知叛乱之事，便乔装改扮奔至吉安调动指挥。

王守仁事先已有朝廷调兵敕书在手，故有权传檄四方郡县，速集兵粮，参与平叛。在诸部兵马到来之后，王守仁便召集众将，商议迎敌之策。他说："兵家之道，急冲其兵锋所在，或攻其有备之地，均非上策。我军故意显出坚守不出之势，叛军必将出击，我军便可尾随其后，伺机进攻。我们应首先收复南昌，捣毁其巢穴。等他们回师救援之时，即可拦截邀击之，这才是制敌全胜之策！"王守仁的计策得到众将的同声赞同。果然，朱宸濠派暗探来侦察，王守仁坚守不出。

至七月初一，朱宸濠再也按捺不住，率大军离开南昌出鄱阳，顺长江而下，声言欲直取南京。到达安庆后，知府张文锦等人誓死不降，奋力守城，朱宸濠用尽攻城之术，仍无法攻克。王守仁得知朱宸濠离开南昌后，便急命诸军会合，进攻南昌。王守仁与吉安知府伍文定等各攻一门。事先侦知朱宸濠设伏兵于城外，与城内相策应，王守仁即先遣一支人马，深夜出击袭破之。同时密派人入城晓谕百姓，闭门自守，勿助叛军，勿私自逃离。众军准时到达城下后，王守仁即下严令："一鼓附城，再鼓登，三鼓不登诛，四鼓不登斩其队将。"与朝廷军队相反，南昌守军闻风倒戈，有的城门甚至都没有关闭，王守仁率军很快占领了全城。

朱宸濠久攻安庆不下，气急败坏，突然听到王守仁已攻下南昌，大为惊恐。谋士李士实等人劝其千万不可回师，应离开安庆，直攻南京，如能在南京即位，江西自会归服。可是朱宸濠忧心如焚，执意不从，命撤安庆之围，以大军回救南昌。

消息传来，王守仁又召集众将商议。有人建议：鉴于朱宸濠兵马强盛，我援军未至，难与其相对抗，不如坚守不出，以待四方之援，叛军久攻不下，必然不战自溃。王守仁以为不然，他说："朱宸濠虽然兵势强盛，但所至之处烧杀掳掠，并未逢大敌与之鏖战。朱宸濠鼓动士气，必以即大位后富贵荣华相许，现在进取无门，老巢又倾覆，众心离异，沮丧而归。我军乘胜击之，定获全胜。"当天，又有抚州知府率兵马来援。王守仁犒赏三军，准备与叛军决一雌雄。

当得知叛军已经进至南昌附近，王守仁开始排兵布阵，将全军分成几支人马，两路分先后与叛军对阵，两路分左右从两翼出击，还遣一支兵马绕至敌军背后。七月二十四日，叛军进至黄家渡一带，气焰熏天，鼓噪而行。王守仁部下正面两支兵马佯装退却，叛军以为有机可乘，争先恐后向前猛冲，军阵大乱，前后队伍互不相接。官军绕至敌后的兵马开始发起攻击，敌军仓皇四散，官军各队军士联合反击，叛军四面楚歌，无心恋战，只顾各自逃命。官军擒斩两千余人，叛军溺水死者数以万计。朱宸濠败走之后，召集残兵败将，试图卷土重来。

王守仁所率兵力有限，无法发动较大规模的反击，只好等待各处援军。而九江、南康两处交通重镇被叛军占据，援军很难进入南昌一带，王守仁便分出兵力，进攻九江、南康。与此同时，朱宸濠决心背水一战，大赏将士，并集中九江、南康的兵马全力攻击南昌。结果，官军与之接战，死伤数百人，形势十分危急。官军前锋主将伍文定急斩退却的士兵，身立火炮间，火燃其须而不移足，官军士气振奋，大炮轰至朱宸濠的坐舟，叛军再次溃退。为了挽回败局，叛军将江上舟船连成方阵，准备合力抵抗。伍文定见此情形，便准备进行火攻。官军成四合之势，约定在火起之时，全线出击。正当朱宸濠取出全数金银财货犒赏军士，并准备斩杀临阵畏避的兵将之时，官军从四面杀来，以小舟载薪，乘风纵火，火光熊熊，叛军争相逃命。朱宸濠见大势已去，与诸妃嫔诀别，妃嫔皆赴水而死。朱宸濠及其绝大多数官员束手就擒。

官军乘胜进击，积极扩大战果，歼灭了四散奔逃的残兵败将。继而收复了九江与南康，王守仁率领的官军大获全胜，战绩辉煌。当将士把载有朱宸濠的囚车送入南昌之时，全城军民围观，欢呼之声震动天地。当朱宸濠见到王守仁后，在槛车中大呼："王先生，我欲尽削护卫之兵，请降为庶民可乎？"王守仁朗声回答道："有国法在！"

就在王守仁率领将士与叛军浴血奋战之时，明武宗却在兴奋异常地做着南下巡游的准备。刘瑾丧败后，这位醉心逸乐的正德皇帝并没有半点收敛与振作之意，依然对朝政不闻不问。在近臣江彬等人的诱唆下，武宗甚至离开北京，四处巡游，追求刺激。所到之处，搞得鸡犬不宁，怨声载道。在北方厌弃之后，武宗欲南下游历，文武百官冒死进谏，使武宗大为扫兴，不得不稍作收敛，南下之事暂时搁浅。朱宸濠叛乱的消息传到北京后，武宗丝毫无愤慨之意，反而十分高兴，认为南下的时机终于到来了。为了减轻朝野舆论的压力，他不得不把几位与朱宸濠勾结的官员绳之以法，然后就兴致勃勃地与左右近臣筹划南下亲征。左右亲信武将纷纷献计献策，武宗更是急不可待，于七月十三日下旨，“令总督军务威武大将军镇国公朱寿统各镇兵征剿叛贼”。其实，这个“朱寿”不是别人，就是武宗本人。为了阻挠文武官员的劝谏，他还明令对“犯颜上奏者”处以极刑。八月二十二日，正式从北京出发。

令武宗兴味索然的是，远征大军刚到河北涿州的良乡，王守仁平定叛乱的捷报就送到了，王守仁为防止朱宸濠余党作最后挣扎，还准备亲自押送俘虏到京城。事已至此，武宗仍然不肯罢休，他一方面将王守仁的奏疏压下，秘而不宣；另一方面急令王守仁按兵不动，等待迎接圣驾。“将军决胜岂只在疆场”，王守仁在朱宸濠叛乱初起，形势万分危急之时，沉静自若，料事如神，充分表现出智勇双全的儒将风范。仅仅用三十余天，就平定了一场蓄谋已久的大规模武装叛乱。但是，在胜利之余，他需要应付的是更为棘手的问题。武宗及其宠臣并不需要他与众位将士用鲜血换来的胜利，在战场上大获全胜的王守仁反而更感到处境尴尬，步履维艰。

在南下途中，武宗及佞臣们荒淫无耻的情态真可谓暴露无遗。好色的武宗南征之时也割舍不下宠爱的刘美人，临行之时，武宗先将刘美人移居通州，并答应不久来接她。临行之时，情意绵绵的刘美人脱下一簪为信物，令使者日后凭此簪来迎。没想到，武宗纵马驰骋之时，将此簪失落，不禁大惊失色，忙命左右近臣挖地三尺，寻找玉簪。左右随从费了九牛二虎之力，也没有看到玉簪的踪影，武宗气急败坏，失魂落魄。到达山东临清后，无可奈何之余命人持圣旨去迎刘美人。刘美人见来人没有信物为凭，执意不肯从行。当使者空手返回后，谁也没有料到，武宗这位“多情种子”，因思念美人心切，竟然单身一人出军营，或乘舟，或骑马，昼夜兼行，赶回通州迎接刘美人。左右侍臣发现皇帝失踪时，追赶不及。在武宗携带刘美人返回途中，巧遇湖广参议林文缵之舟，见其一妾容貌出众，竟然不舍，携之同行。武宗迎取刘美人的这一趟奔波，前后费时一个多月，故此，武宗一行直到十二月，才到达南京。

除了放浪形骸的天子外，周围的近臣也整日寻找各种花样供武宗逸乐，乘机操纵朝中大权。他们一方面对王守仁的功绩妒忌不已，千方百计贬斥压抑；另一方面因或多或少地都与朱宸濠有牵连，受过贿赂，害怕王守仁平叛后抓到证据，再加上王守仁在朱宸濠反叛后，曾上疏请求武宗诛除奸佞，江彬、张忠等人更是恨之入骨。因而想先发制人，便捏造谣言，胡说什么“王守仁早已与朱宸濠勾结，最后虑事不成才起兵平叛”云云。武宗频有耳闻，心中不免生疑。张忠、江彬等人为讨好献媚，竟无事生非地提出让王守仁将朱宸濠等叛军纵于鄱阳湖中，待武宗亲自率军擒拿。这可正中武宗下怀，立刻应允，并派张忠、许泰等人先率禁军进入江西，从王守仁手中接管叛俘。

张忠等人的这一招确实十分毒辣而阴险，如依此计而行，他们不仅可以全部抹杀王守仁等众位将士的功劳，同时也可能将武宗陷于极其危险的境地。王守仁更是明白地看到了这一点。王守仁乘他们未至之时，抢先上疏请求让自己至京师献俘，请武宗停止南征。这更引起了武宗的怀疑，当然置之不理，继续南下。当时提督军务太监张永驻守杭州，与张忠等人相比，张永因与杨一清等人合谋铲除十恶不赦的刘瑾，赢得天下官民的好感。为了不让张忠、江彬等人的阴谋得逞，王守仁赶到杭州，当面盛赞张永之贤德，同时为其陈述利害。他说：“江西百姓久罹朱宸濠等叛党荼毒，今又经大乱，再加上亢旱无雨，军中粮饷督促又急，可谓困苦已极，如不及时救济，必群聚为党，占山谷为盗。如今叛乱虽定，仍有土崩瓦解之势，即使遣朝廷大军前往，但要铲除谈何容易！”王守仁之意在于劝阻武宗南下至江西，苦虐当地疲惫已极的百姓。张永听后深表赞同，并吐露苦衷道：“我此次南下，就是因奸佞之徒随帝左右，只能暗中调护，并不为夺功而来。只是当今圣上顺其意尚可进言，若逆其意，更激怒奸佞人等，恐根本无济于事，公有大功于国，亦无法直接向皇帝请功。”态度相当诚恳，王守仁认定他与张忠等人确非同党，便将朱宸濠等俘虏转交给他，然后起程返回江西。

武宗到达南京后，日日携刘美人观赏湖光山色，兴味浓郁，乐不思归。张忠等人回到南京后，千方百计诋毁王守仁，幸好有张永在武宗身边讲述守仁之忠心。此前，张忠等人经常矫诏急召王守仁进见圣驾，王守仁料定为彼等之诡计，故常托故不行。张忠等便对武宗言王守仁不忠，劝武宗下诏以试之。张永急派手下抢先通知王守仁，等皇帝使者至，王守仁吐哺而行，张忠、许泰等见王守仁来到，尴尬不已，竟气急败坏地阻止武宗与王守仁相见。王守仁并不介意，脱去官服，“纶巾野服”入游九华山。日日在道观之中与道士清谈玄理，洒脱飘逸，颇有忘俗之意。碰巧被入山游玩的武宗窥见，因而对张忠等人对王守仁的诬陷有些反感，对左右随从道：“王守仁参禅学道，高人雅意，闻召即至，焉有反意！”立即召见守仁，令其回镇南昌，并重上捷书。

王守仁似乎明白了武宗的用意，在重新拟定的奏捷书中，王守仁开篇便道：“奉威武大将军方略，讨平叛乱。”这无疑是将平定叛乱的成绩首先归功于武宗的韬略，同时把武宗宠幸的近臣均写进了功臣簿之中。王守仁的这份大有虚假内容的捷书倒真使武宗满心欢喜，张忠、许泰等人也无话可说。意犹未尽的武宗又上演了一场闹剧，他与诸位近臣都着戎装，带领京师禁军，出城数十里，四军围成一个广场。他命将朱宸濠等俘虏解去枷锁，置于广场的一角。然后武宗若有其事地鸣金击鼓，向束手待毙的朱宸濠等人发起进攻，不费吹灰之力抓住朱宸濠后，重新捆绑起来，打入囚车。诸位佞臣纷纷吹捧献媚，武宗以此将平定朱宸濠的功绩全部揽到了自己身上，然后得意扬扬地下令班师回朝。武宗这场闹剧发生在正德十五年（1520 年）闰八月，此时距离王守仁平定叛乱已有一年多的时间。班师途中，明武宗乐极生悲，在捕鱼为戏时，舟覆落水，从此染疾在身。

十二月回到北京后，武宗又举行了盛大的凯旋仪式，此举轰动了整个京城。武宗本人立于正阳门下，一身披挂，金戈铁马，威风凛凛，好不得意。但这等光景对于逸乐过度、染疾在身的武宗来说，恐怕只是回光返照了。没过两天，武宗在南郊进行祭祀活动时，内疾发作，呕血不止。众位御医使尽各种方法，却无力回天。次年三月，终告不治而崩，年仅 31 岁。武宗在途经通州时，将朱宸濠处死，焚尸扬灰，而自己却在仅仅 3 个月后也撒手归西。这种颇具讽刺意味的结局恐怕是王守仁万万没有想到的，我们也许无法体会到这位哲人内心的复杂感受。他与全体将士的浴血奋战，可以在很短的时间里平定一起蓄谋已久的武装叛乱，但对这位昏庸的帝王却无可奈何。相比之下，反叛的朱宸濠似乎显得更加高明，他对武宗的声讨与剖析可以说是句句属实，他起兵征讨这位不称职的君主并不是毫无道理。而王守仁不仅对武宗的胡作非为视而不见，装聋作哑，反而心甘情愿地充当走卒，奔波效劳，呕心沥血。其结果却是功高不赏，谗言四起，自身难保。

世宗即位之初，锐意求治，对战功赫赫、声望颇高的王守仁准备予以封赏及重用。然而，却遭到了朝中大臣的阻挠。兵部尚书王琼对王守仁极为赏识，大力提携，王守仁也对王琼感恩戴德。然而，内阁首辅杨廷和与王琼不睦，对王守仁极为不悦。其他一些大臣对王守仁的名望与功绩也嫉恨不已。故此，世宗仅拜王守仁为南京兵部尚书，这实为一个无足轻重的闲职。于是，王守仁借口归乡省亲，不赴新职。后来，朝廷论功封王守仁“特进光禄大夫、柱国、新建伯，世袭、岁禄1000石”，这大概是明朝文臣以战功得到的最高封赏。不过，这种封赏有名无实，没有照例赐予不死铁券，亦不实发岁禄。当时与王守仁并肩作战的官员中，只有吉安知府伍文定升至高官，受上赏，其余的大都也明升暗降，遭到极不公正的待遇。当时王守仁正在家乡守丧，此情此景令他异常愤懑，频频上疏请求辞去爵位，重赏其他功臣。但这些奏疏如石沉大海，毫无回音。丧假期满，朝廷也不召王守仁入京，他实际上成为空有爵位、无事可做的闲居之人。王守仁遂将全部精力倾注于讲学与著述之中，这段时间也是他在学术上颇有创获的时期，“阳明心学”体系趋于成熟，影响愈来愈广泛。显然，政治上的失意成了他学术造诣精进的巨大动力。

嘉靖六年（1527 年），广西地区发生大规模的部族武装暴动，官军前往镇压，屡屡败绩，这促使朝中掌权者想起了能干的王守仁。于是世宗下诏令他以原官兼左都御史，总督两广兼巡抚。王守仁奉命起程赶至广西后，在处置方略上与内阁大臣发生分歧。内阁主用兵，王守仁主招抚。世宗对此则模棱两可。王守仁以较少的兵力很快平息了事端，并扬言撤兵，暗中向大藤峡地区进军。大藤峡为大批瑶、壮族人民聚集地区，当地百姓为摆脱明朝官府的压迫而进行武装反抗，坚持斗争长达数十年。王守仁发起突然袭击，起义民众猝不及防，陷入重重包围之中，王守仁即命官军进行了野蛮的屠杀，尸横遍野，腥臭熏天。王守仁立即向世宗上疏奏捷。世宗得知消息自然大为高兴，传令内阁诸臣讨论如何封赏王守仁。首辅杨一清本与王守仁过从甚密，但因王氏门人上疏诋毁杨一清，有意让王守仁进入内阁，杨一清自然怀恨在心，因而在世宗询问时缄口不言。阁臣桂萼则因在镇压方略上与王守仁意见不合，又眼红王守仁的战绩，不仅不称王氏之功，反而抨击王守仁征剿不力，擅自行动。就这样，对王守仁的封赏又一次不了了之。

在完成这一“事功”后，王守仁身染沉疴，一病不起。在生命的最后日子里，王守仁似乎用自己的行动表现了对朝廷的绝望与抗议。他上疏请求退休，并在没有得到朝廷答复的情况下，自作主张离开驻地，踏上归乡之路。刚行至江西南安时，王守仁便含恨离开了人世，终年 57 岁。王守仁死后，朝中大臣并没有放过他。桂萼上疏弹劾他擅离职守，世宗震怒，令阁臣提出处罚方案。桂萼等人便毫不客气地对王守仁的一生进行了全盘否定。桂萼指出王守仁“事不师古，言不称师”，标新立异，贬抑朱熹之学。“号召门徒，互相唱和”，“传习转讹，背谬弥甚”。鉴于王守仁还有一些功劳，桂萼等人建议“从轻”处置，“追夺伯爵以章大信，禁邪说以正人心”。对此，世宗表示完全赞同。

平心而论，王守仁，一位进士出身的文官，为明王朝社稷的安危，投身于戎马倥偬的征战生涯，为挽救严重的社会危机呕心沥血，死而后已，可以说是“忠心可鉴”，“劳苦功高”，但他却以抱憾终身结束了自己的一生。在战场上号称“神算”的王守仁之所以无力摆脱自己的悲剧命运，显然与他本人的思想与行动的严重矛盾分不开。王阳明有句名言：“夫学贵得之于心。求之于吾心而非也，虽其言之出于孔子，不敢以为是也。”如此振聋发聩的宣言代表了王守仁对儒家传统思想的大胆怀疑、勇于批判的叛逆精神，这种叛逆的精神正是王守仁能够在哲学思想上独辟蹊径、别开生面的关键所在。然而我们看到，王守仁在现实政治中的态度却是相当保守的。当年因反对刘瑾而被远谪龙场驿，王守仁从这一痛苦的经历中充分汲取了教训。重返政界的他变得精明圆熟有余，而果敢认真不足，他在复杂的官场上注重策略，巧妙周旋。他不再对时政发表措词激烈的抨击，只是力求兢兢业业地恪尽职守。他看到了当时社会上存在的种种矛盾与冲突，心中不免充满焦虑，却不愿也无力触及造成这种危机与冲突的根本症结。

作为一个抱负远大的学者，王守仁不愿放弃自己对社会的责任，殚精竭虑地为拯救社会危机而操劳。他也是一位功名心极重的传统士大夫，令执政者惊恐不安的农民武装暴动，却为王守仁提供了施展自己才能的绝好机会。在这些征战中，他的确表现出相当出色的政治军事才能，在应付各类事变中显得得心应手，游刃有余。但限于政治上的保守态度，王守仁将毕生的精力都致力于为大明帝国——这座千疮百孔的大厦的修补漏洞的工作，所以其结果只能是补了东墙西墙倒，顾此失彼，最后魂断异乡亦难逃倾轧。

王守仁在学术领域取得了巨大的成功，赢得了极高的声誉，甚至得到了与圣人相埒的尊崇，这在明代历史上是罕见的。然而，深孚众望的王守仁却不懂得韬光养晦，四处兴建书院，广收门人，特喜讲学。再加上他那尽人皆知的“赫赫战功”，似乎在他头上笼罩上了一层神秘的光环，这就引起了包括皇帝在内的官僚集团的嫉妒与敌视，从而使王守仁在政坛上处于十分危险的境地，这一点，连他本人也十分清楚。他曾与友人讲到自己“身罹谗构，危疑汹汹，不保朝夕”的凄苦处境。最后，王守仁抱憾而去，他奔波辛苦的一生能挽救明王朝日趋衰敝的历史命运吗？他取得的一个又一个“胜利”，为他本人及大明王朝又带来了什么呢？

搏噬善类的鹰犬
厂卫制度

明代特务统治可谓臭名昭著，其机构便是令人闻之色变的“厂卫”。它犹如附着在大明王朝肌体上的一个可怕的毒瘤，拼命吞噬着健康的细胞。明王朝由此病入膏肓，不可救药。

明太祖朱元璋即位之初，喜欢与左右近臣谈论古今君王待臣之道，太史令刘基（伯温）上言道：上古时期，公卿大夫触犯刑律，君主只是赐予他宝剑，劝其闭门自裁，未曾轻易加以污辱。这种做法主要是为了维护士大夫的尊严。侍读学士詹同也将《大戴礼记》与西汉名臣贾谊论君臣之道的奏疏进呈朱元璋，并委婉进言道：古时“刑不上大夫”，并不是说士大夫有罪不罚，而是不欲折辱士大夫，以激励民间养成行已有耻的风气，唯有如此，方能显出君王宽宏大度的恩德。对此，朱元璋深表赞同。

刘基、詹同等人的进谏并非无的放矢，而是事出有因。出身游方僧的朱元璋在登基之后，一些处罚方式让众多士大夫出身的大臣感到难以接受。如朱元璋在刑法上的一个重要发明就是所谓的“廷杖”，即在朝堂之上杖责触犯龙颜的大臣。试想，在庄严的廷殿之上，众目睽睽之下，裸露肌肤承受武士们的杖责，该是何等屈辱难堪的情形！这对于信奉“士可杀不可辱”的中国士大夫而言，比下地狱更加痛苦。皮肉之苦事小，而为人为臣的尊严却已丧失殆尽了！这种“廷杖”的惩罚，连公侯、权臣也在所难免。有明一代，许多显赫一时的大臣悲惨地死于杖笞之下。

与“廷杖”相比，朱元璋的另一项发明更是让朝野上下闻之毛骨悚然，这便是“锦衣卫”，亦即秘密特务组织及刑狱机构。朱元璋生性多疑，在贵为人主之后更是缺乏安全感，生怕臣下对自己不忠，更担心千辛万苦得来的江山与荣华富贵会化为乌有，因而他时时处处充满戒备之心，对臣下的一举一动都不放过。他不仅要求大臣们当面对他毕恭毕敬，言听计从，忠贞不贰，就是回府之后的言行也要在他的监视与掌握之中。为此，朱元璋煞费苦心，派出密探四处巡视，保证以最快的速度向他汇报各位大臣的动向。

《水东日记》记载了这样一件事，典型地反映出朱元璋手下密探的厉害：大臣钱宰受命编纂《孟子节文》，连日劳作，自感非常疲倦，一日散朝回到家后诗兴突发，成诗一首云：

四鼓咚咚起着衣，
午门朝见尚嫌迟。
何时得遂田园乐，
睡到人间饭熟时。

这本是一篇信笔之作，诗成之后，钱宰也就宽衣歇息了。没想到第二日上早朝时，朱元璋一见钱宰就笑着说：“昨天爱卿作了一首好诗啊，可是寡人没有嫌你上朝‘迟’呀，是不是用‘忧’字更好一些呢？”这一番话说得钱宰心惊肉跳，连忙磕头谢罪，心中暗自庆幸：多亏昨日还没有胡言乱语，否则今天此头就难保了。

朱元璋如果仅仅派亲信四处刺探臣下的隐私，显然还不足以对朝野构成严重威慑。起初，朱元璋任用的亲信密探名曰“检校”，任务是专门负责侦察探听在京大小衙门官吏不公不法之事，及风闻之事，事无大小，全部上奏。至洪武十五年（1382 年），著名的皇家特务衙门——锦衣卫正式挂牌。

所谓“卫”者，皇帝亲军之谓也，但锦衣卫的使命主要不在于保护皇帝的人身安全，而是专掌不法风闻之事。锦衣卫的最大头目为指挥使，官居正三品，佐官有同知、佥事、镇抚、千户等，部属有将军、力士、校尉。锦衣卫下设经历司与镇抚司，经历司主管文卷出入，而镇抚司为其核心部分，职理狱讼，后分南北司，北司专理刑狱。锦衣卫最厉害之处并不在于他们可以直接向皇帝汇报，而在于他们拥有独立的法庭和监狱，也就是说，他们在直接听命于皇帝的同时，可以在朝廷“三法司”之外，自设公堂，有权拘留与审讯疑犯，号称“诏狱”，即皇家自设监狱。

上有所好，下必承风。锦衣卫的设立，为愿意充当御用爪牙的臣子提供了用武之地。不少人因此而受到朱元璋的宠任，如高见贤、夏煜、杨宪和凌悦均以“伺察搏击”驰名一时，就连功高盖世的公侯都惧之三分。而他们却博得了朱元璋的欢心，朱元璋曾得意扬扬地说："唯此数人，譬如恶犬，则人怕。"这一比喻是十分贴切的，为了保住朱氏社稷，朱元璋可谓煞费苦心，不惜采用"以毒攻毒"的手段，用邪恶的方式来遏制群臣。事实证明，锦衣卫确为朱元璋铲除异己、大肆屠戮的得力帮凶。朱元璋大杀功臣，罗织大狱，绝大多数都是锦衣卫的干将承旨而为。朱元璋设立锦衣卫，是为了监视各级官吏的不法行为。皇帝本人不可能事必躬亲，去认真审理锦衣卫吏员所告发的每一件案情，因而定罪与量刑就完全掌握在锦衣卫官吏之手。朱元璋特别喜欢使用酷刑，锦衣卫官吏在实际运用中可以说是无所不用其极。古语云："欲加之罪，何患无辞。"重刑之下，求死不得，焉能不诬？因此，酷刑就成为这些皇家特工发泄淫威、任意胡为的工具。锦衣卫校尉力士名为"缇骑"，都是"都中大豪，善把持长短，多布耳目，所睚眦无不立碎"。他们鲜衣怒马，横行无忌。后世人称："幽縶惨酷，害无甚于此者"，也就是明代刑法系统中危害最烈的一部分。

首先，锦衣卫的设立本身就是对明代司法监察系统的一大破坏。明代司法系统承继前代，号称"三法司"，即刑部、都察院和大理寺。刑部掌管天下一切刑事诉讼案件的审理，都察院负责纠察百官治案，大理寺对具体案件审理结果进行驳正。朱元璋即位后，对天下案件的审理工作极为关心，并声称为了防止办案官吏有任意构陷罪名、严刑逼供诬陷的情况出现，特别规定凡有重大案件，必须由他本人当面审讯。因此，朱元璋在位期间，绝大多数重要案件都由他本人来亲审，"三法司"并无权干预，这无形中就是对"三法司"权力的一种剥夺与削弱。而朱元璋本人不可能亲自处理各个案件始末，故此一切事务均落在锦衣卫官吏的手中。这样，从案件的揭发到审理的全过程，“三法司”往往被搁置一边，而由锦衣卫来掌握。

其次，锦衣卫直接受命于皇帝，其他官员无权干涉他们的所作所为。因此，锦衣卫事实上就有了一把至高无上的保护伞，其飞扬跋扈的程度甚至可以不把“三法司”放在眼里。但为了遮蔽天下人的视听，锦衣卫往往将审理好的结果交给刑部。因此，在当时人眼中，锦衣卫及“诏狱”成为最高的刑法审理机构，“法司可以空曹，刑官为冗员矣”！“三法司”的职能与权力为皇帝及锦衣卫所剥夺，实际上导致了法制系统的破坏，朝廷法权竟成为锦衣卫官吏胡作非为的工具。至朱元璋晚年，鉴于锦衣卫“非法凌虐，诛杀为多”，朱元璋明确地禁止了“诏狱”，也就是将王朝司法权重新还给“三法司”。然而，朱元璋这些亡羊补牢的举措并没有就此使“诏狱”寿终正寝，后世的皇帝根据自己的需要，使锦衣卫及“诏狱”的祸害愈演愈烈，成为明代臭名昭著的弊政之一。

永乐帝朱棣在位时期是明代厂卫制度发展的重要时期，也是宦官执掌厂卫机构的开始。朱元璋死后，由于皇太子朱标已于洪武二十五年（1392 年）去世，便由皇太孙朱允炆继承皇位，史称“建文帝”。身为皇叔的燕王朱棣对皇位垂涎已久，借“清君侧”之名，起兵反叛，这就是明代历史上著名的“靖难之役”。结果，朱棣在皇位之争中取得了胜利。不过，许多忠于建文帝的大臣对朱棣怀有强烈的抵触情绪，朱棣为压制官民的不满情绪，震慑那些二三其意的大臣，全面恢复了锦衣卫的权力，也就是重新设置了“诏狱”。此前明太祖朱元璋废除“诏狱”后，锦衣卫的地位大大下降，不再参与刑法之事，与其他皇帝亲军一般无二了。朱棣则将亲信纪纲提升为都指挥佥事，治锦衣亲兵，“复典治诏狱”。纪纲从此大权在握，开始了构陷凌虐的生涯，锦衣卫的祸害也达到了一个新的高潮。

纪纲为朱棣手下得意的“恶犬”，禀承朱棣之意旨，对朱棣所痛恨的太监与武将进行残酷迫害，千方百计罗织罪名，必欲置之死地而后快。锦衣卫实际上成为朱棣诛除异己、纪纲聚敛财富的绝好工具，完全凌驾于刑部等司法机构之上。

凭借锦衣卫的特权，纪纲的胆大妄为，有时到了让人瞠目结舌的地步。如他受命前去籍没原晋王和吴王的家产，不仅将大批财宝掠为己有，而且穿上搜获的王服、王冠，在王府中大摆酒宴，命优伶歌舞献艺，“奉觞称万岁”，俨然以帝王自居。一次，纪纲欲买一年轻貌美的女道士为妾，没想到都督薛禄抢先一步，这使得不可一世的纪纲大为光火，发誓要报复以雪其辱。一日，在皇宫之内遇到薛禄，纪纲突然用铁瓜击其后脑，薛禄顿时血流满面，险些丧命。都指挥哑失帖木不满纪纲的胡作非为，一次在大街之上正巧与横冲直撞的纪纲一行相遇，他拒不让道，这令纪纲怀恨在心。其后诬陷哑失帖木冒领功赏，下狱棰杀之。

纪纲在朱棣的支持下，肆意构陷，横行无忌，已为天下人所痛恨，朱棣本人并不是不清楚，但朱棣也同其父朱元璋一样，就是想凭借这些“恶犬”来达到压制天下不满情绪的目的。当这一目标基本达到后，纪刚的存在就无足轻重了。其时，内宫有太监对纪纲早有夙怨，伺机向朱棣密告纪纲有“谋反”之心，对纪纲有所厌恶的朱棣不禁大怒，命御史当庭弹劾，立下都察院审讯，结果证据确凿，当天就将纪纲处以磔刑，恶贯满盈的纪纲受到了应有的惩处。

纪纲的出现，完全是朱棣唆使放纵的恶果。但在这一事件发生后，朱棣却得出结论：外廷之臣靠不住。因此，他对外廷之臣充满了戒备。故此，明代特务政治不但没有因纪纲之死而有所削弱，反而得到了长足的发展。朱棣并没有因此废除锦衣卫，而是又创立了一个由太监主掌的特务机构，目的在于使其与锦衣卫之间互相监督，这就是东厂。

《明史》载："明朝宦官拥有出使、专征、监军、分镇、刺民隐事等大权均自永乐年间开始。"有明一代，重用宦官在朱棣在位时已初具规模。关于"刺民隐事"之权，即指东厂的设立。永乐十八年（1420年）八月，东厂正式设立于北京东安门外，"以内监掌之，自是中官益专横，不可复制"。

东厂的使命就是"缉访谋逆妖言大奸恶等，与锦衣卫均权势"。前去主持东厂事务的宦官都是朱棣的心腹，人称"厂公"或"督主"。厂公有皇帝特颁密封牙章一枚，有重要事件须上奏皇帝，以此钤封，可以不经过任何手续，直接送到皇帝手中。东厂内部机制相当简单，厂公之下，只有掌刑千户一名，理刑百户一名，及掌班、领班等，东厂的骨干力量便是专门出外缉访的役长（又称挡头），有百余人之多，每一位役长又有番子（也称番役或干事）数人，总计东厂常制有一千多人。这些役长及番子原来都是从锦衣卫中挑选出来的"最轻黠猾巧者"，由此可以看出，东厂的设立就是朱棣直接剥夺与制约锦衣卫权力的一种重要措施。东厂直接受命于皇帝，不听任何外廷机构节制。除皇帝之外，普天之下的百官平民都是东厂侦缉的对象。

东厂不仅在机构及人员配置上更加精干合理，而且在侦缉行动上制定了相当严密的制度。如每月初一东厂都要集中布置当月侦缉工作，厂役在东厂内抽签决定所负责的地盘。在文献记载中，我们可以发现，东厂厂役的工作种类都有特殊的名称。例如监视朝中各部官员会审大狱及锦衣卫拷讯罪犯者名为“听记”，在各处地方官府访缉者名为“坐记”，还有某位官员有何举措，或某城门捕得要犯，胥吏记录上报东厂者名为“打事件”。

在任何时代的日常生活中，不可能时时都有惊心动魄的事件发生，无事可做的厂役们便将毫无情报价值的日常琐事记录在案，向皇帝汇报。如某地失火或遭雷击，皇帝当天也能知晓。至每月底，厂役还要特别奏报京师当月粮米油面价格。平时，厂役番子上报事件后，厂公首先审阅，经过润色之后方上送皇帝，但如有要事，即使在深夜宫门关闭之后，厂役也可从门缝中塞入，宫人接到后，立即交予皇帝。因此，东厂人员高效率的工作，使深居皇宫内院的帝王对外边发生的一切可以说是了如指掌。显然，东厂的设立使明代特务政治发展到了一个新阶段，朱棣在侦缉臣民隐事方面的手段超过了其父。

侦缉他人隐事这种不光彩的勾当，吸引了大批地方上整日寻衅滋事的泼皮无赖，这些人自然而然地成了东厂役长、番子们的帮凶。于是他们就勾结起来，利用皇家鹰犬的身份，干起了敲诈勒索的勾当。当这些无赖打探到某家一桩隐事之后，即称获一“起数”，由番子负责向役长（即挡头）汇报，挡头则根据情报的价值支付银两，这叫“买起数”。然后，这些无赖就带领番子至此家周围进行监视，在找到一些蛛丝马迹后，番子们就冲入该户人家，加以拘捕审讯。如不立即交纳足够的贿金，就私动惨刑。并授意其诬陷周围富户，如果能捞足钱财，即告无事，如若没有油水可榨，即交于锦衣卫监狱处置，其性命便再无生还之望。

东厂的设立充分显示出朱棣过人的心机，一方面无论东厂厂公，还是下属番子，只有权侦缉，而无权审理处置；另一方面东厂侦缉范围极广，但只对皇帝汇报，不受其他朝廷机构的约束，其结果是大大增强了皇帝对臣下的监视及控制，一切决定都出于皇帝本人，这样就从根本上杜绝了任何机构（包括锦衣卫）的僭越专断。因而，在这种意义上，东厂称得上是名副其实的特务机构。

永乐帝朱棣在位期间，锦衣卫内部的变化主要反映在镇抚司权力的膨胀。镇抚司本是锦衣卫下属机构，朱棣即位后，增设北镇抚司，“专理诏狱”。成化十四年（1478 年），在纪纲事件之后，朱棣特别规定：“增铸北司印信，一切刑狱毋关白本卫。”也就是说，北镇抚司有权独立处置刑狱之事，并不必通过锦衣卫长官的定夺。北司作为锦衣卫使属下的小官，自然不敢专断案件，因此，朱棣特许北司可直接请示皇帝，而且锦衣卫使不得干预，这样就造成了“镇抚职卑而权益重”。朱棣的手段是相当高明的，拥有特权的镇抚司就成为锦衣卫使的制约者与监督人，锦衣卫使须时时处处提防镇抚司，自然不敢任意专断妄为了。因而，“诏狱”也就是镇抚司狱了。朱元璋晚年鉴于锦衣卫的“非法凌虐”，曾尽焚锦衣卫刑具。至朱棣登基后，不仅恢复锦衣卫的特权，而且镇抚司监狱也成为残酷摧残臣民的人间地狱。

明人沈德符在所著的《万历野获编》中，细致描述了镇抚司监狱中令人触目惊心的惨况：镇抚司狱虽名为“诏狱”，但居住条件比“三法司”监狱恶劣得多。其监室建于地下，墙壁坚实，厚达数仞，隔音效果极佳，即使隔壁惨叫呼号，旁边房间却悄无声息。监内人每欲买一物入狱，必经数道检查，食物往往被扣留。而且规定监内不得自己燃火，虽在严冬之际，犯人也只能吃冰冷的食物。犯人家属一概不得入内探视，只有在镇抚司拷讯之时，与亲人遥望而已。另据《明史·刑法志》载：官民被捉入镇抚司狱之后，其家属即被通告期限。如在规定期限内不能交纳足够的金银，犯人就要受“全刑”。所谓“全刑”分五大类，即械、镣、棍、拶、夹棍。当时人称全刑为“五毒俱全”，犯人受刑之时呼叫声沸然，血肉溃烂，宛转求死不得。可以说，一入“诏狱”，九死一生，而且诏狱之事严格保密，家属往往不知死期。因此每当犯人一入诏狱，其家人往往远望狱门稽颡哀号，焚香祭祀，令人惨不忍睹。明代诏狱之残酷实为中国封建帝王滥施淫威的一个突出体现，“荼毒之下，何狱不成？”如此看来，锦衣卫及“诏狱”之设就不仅仅是对封建刑法系统的破坏，而在本质上是封建帝王及其爪牙实行恐怖统治的一个得力工具。

明宪宗成化年间是厂卫制度发展的另一个重要时期。成化十二年（1476年），时有妖人李子龙以擅“左道”驰名一时，在朝野上下有众多的信奉者，就连宦官鲍石、郑忠等人都奉之若神明。在后者的帮助下，李子龙有机会深入内宫，到万岁山等处观望。据称有行刺宪宗的不轨企图，被锦衣卫校尉发现，立即下狱伏法。这件事被明宪宗知道后，惊恐不已，由此整日提心吊胆，疑神疑鬼。为了避免类似事件的发生，深居内宫的宪宗十分想了解外廷臣民的动向，因此命太监汪直率锦衣卫校尉数名乔装改扮，出宫伺察。

这种小规模又偷偷摸摸的侦访不可能有多大的实际作用。宪宗于第二年正月索性又建立了一个专门机构——西厂，以汪直为首，其成员则从锦衣卫中选拔出来，只是所领缇骑（即锦衣卫校尉）的数量是东厂的一倍以上，势力远远超过锦衣卫。它把锦衣卫与东厂的职权来个“大包干”，“大政小事，方言巷语，全部记录上报”。“至民间斗詈鸡狗的琐事，也从重处置”。也就是说，西厂不仅有权四处侦访官民的“不轨”言行，而且还可以进行拘留逮捕，施用重刑。将特务与法庭、监狱的职能合为一体，其造成的危害是可想而知的。“冤死相属，廷臣莫敢言”，“罗织数起大狱，臣民惕息”。汪直与西厂的势力一时间甚嚣尘上。汪直每次出府，随从爪牙极多，扬扬得意，横行霸道。公卿大夫相遇于道，都躲避唯恐不及。西厂随意逮捕朝臣，经常不向宪宗奏请。无法无天，莫此为甚。更为严峻的是，西厂侦缉的范围并不仅限于北京城内，手下校尉遍布朝廷内外、大江南北，诸王府及边防重镇也都成为其监视及滥发淫威的所在。

物极必反。西厂将朝廷及“三法司”置于一边，擅权专断，这种特殊的权力实际构成了对专制王朝致命的威胁，一些正直的大臣忍无可忍，上疏反映这一严重状况。当年五月，大学士商辂在奏疏中言道：“近日厂、卫伺察过于繁琐，政令太急，刑网太密，人情疑畏，汹汹不安。陛下完全听信于汪直，汪直又寄耳目于群小。中外骚然，安保其无意外之变。”宪宗起先看到这一奏疏时，大不以为然，勃然大怒道："一内竖（即太监）就能危及社稷吗？"命太监怀恩亲传旨意痛责商辂。商辂据理力争，毫不妥协，道："朝臣无论大小，有罪皆须请旨收问，而汪直竟敢无旨擅逮三品以上京官。大同、宣府是我朝北边大门，守备不可一日离职，而汪直却在一日内械捕数位守备大员。南京祖宗根本重地，留守大臣也逃不过汪直之手，甚至皇帝身边近侍，汪直也敢私自调换。汪直不黜，国家安得不危？"这一席话落地有声，句句在理，怀恩深受震动。回宫之后，如实向宪宗做了汇报。宪宗似乎如梦初醒，下令撤销西厂，命怀恩当面斥责汪直。西厂内尉校皆被遣还锦衣卫。然而，西厂不久又死灰复燃，仍由汪直主持。

重掌大权的汪直先后将反对他的大臣排挤出朝，一时间被迫致仕及免职的大臣达数十位之多，西厂的缇骑又开始横行肆虐。宪宗此前罢西厂之时，仍然宠幸汪直，密令其暗出刺事，故而西厂复开似乎在情理之中。势倾中外的汪直更加蛮横狂妄，天下之人敢怒而不敢言。有一位宦官阿丑善诙谐，时常在宪宗面前粉墨表演。一日在宪宗面前装扮醉汉模样，旁人故曰："某官至。"阿丑毫不理会，肆骂如故。又报："圣驾至！"阿丑依然酣态十足。旁边宦官最后道："汪太监至。"阿丑顿时惊慌失措，醉态全无。观者不免问道："圣驾至而不惧，而畏惧汪太监，是何道理？"阿丑话中有话道："吾知有汪太监，不知有天子。"一旁观看的宪宗表面上微微一笑，但在内心中极为不快。汪直通过操纵西厂肆意妄为，顺我者昌，逆我者亡，全然不把宪宗放在眼里。这种皇权旁落、太阿倒持的状况，是任何一位帝王所无法忍受的，从此宪宗对汪直充满了戒心。

必须指出的是，在西厂创设之后，东厂及锦衣卫依然继续着它原来的特务使命，暴横荼毒也不次于西厂，而西厂的最后罢撤就和其与东厂的矛盾有关。明清史专家孟森曾特别讲到反映东厂恣横的一件事：东厂官校在侦缉云南官校左升私事之时，供状所言牵涉通政使兼工部尚书张文质。对于这样一位朝廷重臣，锦衣卫官校们毫不顾忌地将其打入锦衣卫监狱，甚至连宪宗都不知道。工部尚书被擅自抓走，那工部内务如何运作？左通政何琮等人情急之下，以张文质执掌工部印玺为由，联合上书请求宽释。这时宪宗才知道张文质被逮之事，立即下令予以释放。锦衣卫官以"擅捕大臣"，罚俸三月，而对东厂特务却置而不问。孟先生感慨道："厂与卫为一体，大臣系狱而帝不知，知之则处分仅及卫官，所处分仅止停俸三月，其时士大夫所被待遇可知矣。"

一次，有一位强盗越皇城进入西内，东厂校尉将其擒获，太监尚铭向宪宗邀赏请功，宪宗十分高兴，赏赐甚厚。汪直闻而大怒道："尚铭是吾所提拔之人，怎敢背吾以邀功！"尚铭闻听后，担心汪直报复，就秘密向宪宗汇报汪直种种不轨之事。当时汪直正任大同监军，在朝诸臣趁机上疏揭露西厂之罪恶，宪宗也开始厌恶汪直，遂于成化十八年（1482 年）下旨撤废西厂。没有西厂爪牙护持的汪直也就无法宣泄自己的淫威，再加上宪宗的疏薄及其他内官的倾轧，这一切都宣告了汪直末日的到来。次年八月，御史徐镛上疏，对汪直的罪恶进行了总清算："汪直与王越、陈钺（汪直的两位得力爪牙）结为腹心，自相表里。肆罗织之文，振威福之势，兵连南北，民困东南，天下之人但知有西厂而不知有朝廷，但知畏汪直而不知畏陛下。渐成羽翼，可为寒心。乞陛下明正典刑，以为奸臣结党怙势之戒。”汪直因此而被罢黜。

从根本上说，“厂卫”的设立是基于专制帝王谋求一种彻底钳制臣下的“超级”权力的心理需求，因为无权的近侍及由王朝法律制约的刑法机构——“三法司”都无法满足他的这一需要。正是这种专制帝王强烈的、近乎变态的需求，导致了有明一代“厂卫”的兴盛不替。每一位君主都无意将其完全撤废，正如他们对宦官的宠幸一样，这些皇帝都从“厂卫”机构中得到了自己需要的东西。从明太祖朱元璋到明朝的末代皇帝崇祯，都没能摆脱这一变态心理的束缚，因为即使是在专制皇权异常发达的封建王朝中，帝王也不可能为所欲为，全无顾忌。制约的因素相当之多，包括道德伦理观念以及王朝法令，这种种制约往往是通过大臣的劝谏表现出来的，而这种劝谏式的反对常常使帝王处于极为难堪尴尬的境地。而“厂卫”的滥施淫威，正是帝王们得以自我解脱的极佳手段。我们可以发现，越是品性与行止有缺陷的皇帝，越是依赖与宠幸厂卫及太监，他们甚至用“厂卫”爪牙与外朝大臣相抗衡。

明武宗（年号正德）即位后，太监与厂卫的横暴更为突出，其主要原因之一便是武宗本人特好逸乐，丝毫不把朝政放在心上。大臣们总结他的特点是“嗜酒而荒其志，好勇而轻其身”，武宗对朝臣的频频劝谏非常反感，故而命太监刘瑾掌司礼监，马永成掌东厂，谷大用掌西厂（此时西厂又设），开始了对正直朝臣的凌虐与迫害。唯一目的就是压制言论，以便武宗能肆意玩乐。刘瑾与“厂卫”鹰犬荼毒之日，也就是武宗玩乐最为痛快之时。

明武宗死后，世宗即位，也就是嘉靖皇帝。登基之初，世宗颇有振作求治之意，然而好景不长。世宗并非武宗的后代，乃是孝宗之弟兴献王的儿子，因此极想给自己的生父一个尊贵的追封，不料却遭到大臣们的强烈反对，双方争执不下，史称“大礼议”。最后，恼羞成怒的世宗命锦衣卫官校将一批官员或棒笞，或下狱，总算将反对者暂时压制住。世宗还有一个特别的嗜好，即希冀长生，喜爱方术。为此他四处寻访方士，待若上宾，又日夜在宫中设斋醮，供奉甚谨。这自然引起了许多大臣的反对，执迷不悟的世宗依然用“厂卫”及“诏狱”对劝谏的大臣进行打击。如兵科给事中高金上疏，言方士虚妄，世宗大怒，“立下诏狱拷掠”。太仆卿杨最上疏强谏，“立下诏狱，重杖之，杖未毕而死”。后御史周相上疏，建议世宗毋听虚妄的“祥瑞”征兆，没想到世宗也大怒，下周相“诏狱拷掠之”。经过这样的残酷打击，绝少有人敢犯颜强谏了。最后，还是著名的清官海瑞冒死上《治安疏》，同样被捕入狱。所幸的是，当时世宗因长期服用丹药中毒，已是病入膏肓了。由此可见，明代“厂卫”的存在及发展是专制皇权高度发达的结果，几乎每一位帝王都想最大限度地控制臣下，他们在做出违背王朝纲常荒诞不经之举时，都需要像锦衣卫及东厂这样的机构与爪牙存在，所以有明一代宦官的势力屡有消长，但锦衣卫及东厂的地位却一直相当稳固，其势力在不断膨胀，个中的症结即在于此。

锦衣卫与东厂即为维护专制帝王“超级”权力最得力、最凶残的工具，完全听命于皇帝本人，而由众多大臣组成的朝廷机构成为其监视、挟制的对象。专制帝王可以超越王朝法令的限制任意处置手下的大臣，这自然使极欲肆意妄为的君王心满意足，惬意无比，对于一个深居皇宫内院的孤家寡人来讲，拥有这样的权力已经足以使偌大的帝国陷于纲纪紊乱的泥淖之中了，而其最大的危害却表现在这种超级权力事实上的转移。任何一位君主是不可能完全控制住像厂卫这样的特殊机构的，他们在奢侈享乐及处理朝政之余，虽然热衷于锦衣卫官校每日所汇报的“小道消息”及市井琐事，但他们蛰居于“庭院深深深几许”的皇宫之中，根本不可能将锦衣卫报告的事情进行验证，只能偏听偏信一面之词，这就给锦衣卫长官瞒天过海、罗织构陷提供了极为有利的条件。况且，锦衣卫自设公堂、监狱，生杀予夺均在其构陷之中，而皇帝对锦衣卫拷讯而来的罪名根本无心勘验，无数冤假错案由此发生，锦衣卫长官及其爪牙作为御用鹰犬，敢于施暴于任何一位朝廷命官，使王朝司法系统形同虚设。锦衣卫成为超级监察与司法机构，其长官也就拥有了非同寻常的超级权力，这无论对正规官僚机构的运转，还是对专制皇权都构成相当严重的威胁。

宦官窃权专政是中国历代封建王朝中无法根治的痼疾之一，为害酷烈，屡见不鲜。而明代之所以又成为宦官肆虐最为惨烈的一个朝代，其关键的因素就在于宦官把持了“厂卫”机构。具有讽刺意味的是，“厂卫”机构原本是专制帝王处心积虑为维护其特殊地位而设置，实际上却成为宦官执掌特权最有力的保障。我们从宪宗时汪直的专权就清楚地看到了这一点，日后刘瑾及魏忠贤的肆虐也都是有力的证明。掌权的太监无一例外地利用“厂卫”爪牙对持反对意见的大臣进行残酷打击。

明武宗即位后，狡黠的刘瑾与其党等八人（号称“八党”

或“八虎”）日夜为走马逐犬、歌舞角抵之戏，使极好逸乐的武宗乐不可支，沉醉其中，置朝政于不顾，从而为刘瑾窃柄造成了可乘之机。正直的朝臣纷纷上章弹劾“八党”，情急之时，刘瑾等围定武宗哭诉，并诬陷宦官王岳对皇帝逸乐不满，与外臣勾结，欲去皇帝心腹。武宗听后大怒，遂命刘瑾掌司礼监，其党马永成、谷大用分掌东、西厂。从此，刘瑾独揽大权，一手遮天，在“厂卫”鹰犬的构陷与罗织之下，朝臣再也不敢犯颜进言了。尔后，凡有上疏抨击时政者，刘瑾都命锦衣卫校尉毫不留情地惩办。他为了维护自己的权势，竟在东、西厂之外另设内行厂，直接听命于他本人。《明通鉴》载：内行厂与东、西厂相比“为害尤为酷烈，以细末之事构陷官民，受害者根本无法开脱。逮捕之时，一家犯法，邻里皆被牵连，或临河居者，以河外居民坐之，屡兴大狱，冤号相属”。当时许多著名的朝臣如李梦阳、杨一清等都有被捕入“诏狱”的经历，能生还者实为罕见。而此时，“厂卫”势力早已不限于北京一地，分遣官校四出侦缉，从此偏远州邑之人，见到华衣怒马、京师口音之人，立即互相转告，官吏赶忙私下贿赂，搞得人人寝食不安。

有一次，朝堂之上出现指斥刘瑾的匿名上书，刘瑾大怒，竟让文武百官一齐跪在奉天门下。当时正值盛夏，暑气逼人，十几位朝臣昏厥在地，有好心的宦官在刘瑾离开时让众人起身休息片刻，并扔些冰瓜解暑，而刘瑾来后，跪地如故，从早朝之时，一直到日暮，刘瑾见无人招供，余怒未消，将朝臣三百多人全数送入诏狱。路过长街之时，市中小贩争相送饭，因为这些大臣已整日滴水未沾了。后经李梦阳上疏解救，这些大臣才得以出狱。而武宗不仅对众位大臣的死活不管不顾，而且手持匿名书道："你说贤，我就是不用；你说不贤，我全都用。"正是由于皇帝的昏暴无耻，再加上锦衣卫鹰犬的为虎作伥，才使得宦官把持下的明代特务政治形成了前所未有的黑暗局面。

明熹宗即位后，魏忠贤的出现更把大明王朝推向了崩溃的边缘，此一时期是明代宦官操纵特务政治最为黑暗恐怖的时期。天启四年（1624年）六月，一群大臣向专横的魏忠贤发起了总决战。为首者为左都御史杨涟，上疏弹劾魏忠贤24条大罪状。随后陈良训、魏大中、黄尊素等数十位朝臣群起上奏，前后不下百余疏，"或专或合，无不危悚激切"。面对群臣抗议的浪潮，熹宗依然对魏忠贤青睐有加。结果，有恃无恐的魏忠贤开始了疯狂的反扑。上疏直谏的大臣均遭魏忠贤的毒手，邪恶的锦衣卫又一次大施淫威。

在魏忠贤死党的诬陷下，中书汪文言曾受廷杖之责，魏忠贤的义子许显纯任锦衣卫北镇抚司理刑后，重新逮捕汪文言，逼迫他诬陷其他朝臣。在酷虐倍加的情况下，汪文言再也无法承受，许显纯指使他诬陷魏大忠等人，汪文言大叫道："苍天啊！冤枉啊！以此污蔑清廉之士，有死不承！"但是不管他是否承认，许显纯等人伪造供状，将杨涟、周朝瑞、左光斗、顾大章和袁化中等人抓入镇抚司狱，从而发生了惨绝人寰的残酷迫害的场面：

> 每隔五天进行一次拷讯，最为惨毒。拷讯时杨涟等人都跪在台阶前，主拷官百般诟辱，甚至剥光身体，肆意凌虐。拷讯时还动用种种刑具，钨杻、拶棍、铁镣等等，一一使用，常常戴着杻镣时又受棍击。上次拷讯的伤口尚

未愈合，第二日又加榜掠。后来拷讯时众人皆不能跪起，戴着桎梏平卧堂下受审，旁观者无不切齿流涕。……其中（杨涟）自从下狱，体无完肤，及其死也，土囊压身，铁钉贯耳，仅以血溅衣裹尸置棺中。

杨涟、左光斗、魏大中和顾大章等人先后惨死狱中，锦衣卫及“诏狱”已不再是皇帝诛除异己的工具，而变为专权的太监滥施荼毒的人间地狱。被锦衣卫残害的大臣不可胜数，这种倒行逆施，激起了天下人仇恨的怒火。当锦衣卫缇骑逮捕吏部主事周顺昌时，“士民拥送者不下数千人”，其门人五六百人遮道诉冤，缇骑大怒道：“东厂逮人，鼠辈何敢多言！”当时有颜佩韦等人挺身抗言道：“圣旨出于朝廷，与东厂何干？”缇骑大言道：“圣旨不出东厂，又出自何处！”这番言论激起众怒，群起殴击缇骑，立毙一人，其余狼狈逃窜。后来，魏忠贤逼迫地方官追究肇事者，颜佩韦等5人挺身就戮，人称“五义士”。然而就在这一事件发生后，“缇骑不敢出国门（即北京）矣！”

熹宗去世后，明朝末代皇帝——崇祯帝朱由检的即位宣告了魏忠贤末日的来临，魏忠贤与客氏先后死于非命。朱由检本人也颇有重振朝纲之意，但他刚愎自用，生性多疑，继续重用宦官操纵“厂卫”，依旧维持着恐怖而黑暗的特务统治，使得早已千疮百孔的大明王朝更加危机四伏，积重难返，无法摆脱覆亡之噩运。《明史》载：庄烈帝（即朱由检）疑忌群臣，令王德化执掌东厂，号为“惨刻”，（吴）孟明虽掌管锦衣卫，但行事须观望东厂之意，不敢丝毫违背。而镇抚梁清宏、乔可用等朋比为奸，大凡缙绅府宅前，必遣数人往来侦察，因此群臣都晏起早阖，毋敢私语。那些高门富豪，更是战战兢兢，如履薄冰。锦衣卫校尉恣意敲诈，稍拂其意，诬陷立构，只需片言只语，便可株连至数十人。试想在天下大乱之时，朝廷大臣整日心惊胆战，惶惶不可终日，如何能尽心尽力挽救社稷江山？就在大敌当前之时，手握生杀予夺大权的太监仍然将监视将帅视作第一要务，自相倾轧与离心离德，又怎能避免不击自溃，土崩瓦解？“明不亡于流寇（即李自成、张献忠义军），而亡于厂卫”，可以说是有识之士的不刊之论！明朝的覆灭固不足惜，但黑暗的特务政治留给后人的启示却是很多很多……

“郧阳之乱”
明代中叶对荆襄流民的处置

成千上万的流民挈妇将雏，从四面八方涌到了郧阳，涌进了荆襄地区的崇山峻岭之中。明朝官府碰到了棘手的难题。强迫驱赶回原籍已不可能，只有就地入籍，才为上策。数以百万的流民为荆襄地区的经济开发注入了新的活力。

在明代的白话小说中，冯梦龙的《古今小说》中的故事《蒋兴哥重会珍珠衫》，最是脍炙人口。主人公蒋兴哥，是湖广襄阳府枣阳县人；而另一主要人物陈商，则是皖南的徽州商贾。后者“凑了两三千金本钱，来走襄阳，贩籴些米豆之类，每年常走一遍”。当时，湖广是全国重要的产粮区，许多徽州粮商纷至沓来，将襄阳等地的米豆贩运到江浙地区牟利。冯梦龙笔下蒋兴哥、陈商及三巧儿（蒋妻）的故事，就是在这种背景下展开的。值得注意的是，故事提及的襄阳府枣阳县，就处在荆襄地区。

荆襄位于今湖北、河南、陕西和四川诸省交界地区，大致以郧阳为中心，西起终南山东端，南到荆山，东北至伏牛山，东南到桐柏山、大别山。这里崇山峻岭绵延不绝，老林密菁郁郁苍苍，汉水及其支流蜿蜒流淌，贯穿于青山绿水之间。荆襄地区虽然多山，但土地肥沃，成为饱受战乱和饥荒之苦者的世外桃源。许多穷困潦倒的农民，纷纷从其他地方逃到这里，以摆脱在原籍地赋役的束缚。这些背井离乡的农民数量大，流动性强，又缺乏基本的谋生手段和条件，动辄酿成社会动乱。特别是他们屯聚山林之后，“天高皇帝远”，往往桀骜不驯，较易萌生揭竿而起的念头。早在元代末年，南琐、北琐红巾起义军就曾以襄阳一带为根据地。后来，朱元璋在平定天下的过程中，命令大将邓愈率军加以围剿。结果是将当地人全部迁出，并把此处当作封禁地带，禁止流民再度进入。及至明朝建立，政府设立了襄阳卫和襄阳护卫等机构，让戍守于此的士兵开垦荒地。不过，这些集中屯驻的两卫士兵及其家属人数极少，加起来也不过三四万人，故而在明初的荆襄一带，绝大部分地区人烟稀少，土著几乎绝迹。

虽然明朝统治者将荆襄山区作为封禁地带，禁止农民进入，但由于当地大量的空闲荒地，使它成为流民屯聚开垦的理想场所。这里不仅有荒田可供开垦，而且还有取之不竭的林业、矿产资源。再加上遁迹于此又可以逃避赋税和徭役，既不当差，又不纳粮，较之其他地区俨然成为一方乐土，故而吸引了许多从耕地上游离出来的农民纷至沓来。特别是在灾荒年份，他们更是呼朋引类地进入这一封建统治相对薄弱的地带，寻找谋生的机会。从史籍上看，永乐时期就已有流民潜入了荆襄地区。及至宣德年间，进入这一地区的流民数量急剧增加。他们来自全国农业经济较为发达、地狭人稠的地区，荆襄地区为之提供了大片可开垦的处女地。由于聚集的人数愈来愈多，逐渐引起了明朝政府的重视。为了处置这批流民，正统元年（1436年），户部决定在这里查验丁口，允许流民入籍，并拨予绝户荒田，让他们耕种及纳粮当差。这实际上承认了流民进入荆襄地区的合法性，使得先前对荆襄山区的封禁，成了一纸空文。不过，当时正值明代社会政治、经济的一个转折时期，一方面，各地的土地兼并恶性发展，明初以来以自耕农为主的传统经济格局已被打破。另一方面，国家的政治控制力也有所下降，不少农民极欲摆脱户籍的束缚。譬如，江南各府县百姓听说逃户可以随处附籍，就乘机仿效；军、匠、灶等户，亦纷纷外徙报请民籍。这些都引起了统治阶层的忧虑和不安。有人提议，让各地巡抚查勘逃户附籍者，规定每十丁中至少必须抽出五丁，让他们返回原籍承办粮差。当时，荆襄山区是最大的一个流民聚集区，破产的农民纷至沓来，流民骤增至一百五十余万。他们屯聚山林，被官府视作心腹之患。为了加强对这一地区的控制，天顺八年（1464年），明朝政府特设湖广布政司参议一员，专门管理荆州、襄阳和南阳三府的流民事务。当时政府制定的政策出发点，基本上是殚思竭虑地阻挠流民入山，并筹划对流民加以弹压，甚至不惜诉诸武力将他们尽数驱回原籍。这使得荆襄地区原本就相当紧张的形势更趋严峻，终于酿成了气势宏大的荆襄流民起义。

起义领袖之一刘通，河南西华人。据说，他曾举起放在西华县衙门入口处的一个千斤石狻猊，故而人称“刘千斤”。刘通在正统年间，流亡于湖广房县。成化元年（1465 年），他与石龙（亦称石和尚）、冯子龙等人，利用流民的不满情绪，于房县竖立黄旗聚众造反，占据梅溪寺，称“汉王”，年号“德胜”。以石龙为军师，并设有元帅、将军、总兵和先锋等职。一时间，流民纷纷响应，人数多达 4 万余人。他们在大山之中分作七屯，且耕且战。明朝政府急忙调兵遣将，派工部尚书白圭、湖广总兵李震前去镇压。由于义军多半是赤手空拳的乌合之众，没有严密的组织，亦无多少武器。结果，起义为官军所镇压，除石龙率领一部分人突围向西进入四川外，其余一万多义军及其家属被残酷杀害。男子凡是 11 岁以上者，皆无幸免。成化二年（1466 年），石龙率领的义军转战四川大昌、巫山等地，受到官军的围攻而遭失败。随后，白圭在《处置荆襄疏》中向朝廷献计，认为应当乘此机会处置荆襄流民，以免死灰复燃，贻患无穷。他提出了处置荆襄流民的方案——在流民中推行附籍与发还原籍相结合的政策，以消除隐患。具体的做法是：住种已久、愿意附籍者，允许附籍并纳粮当差，成为编户；不肯附籍者，发回原籍纳粮当差。发还原籍的政策，是传统的对付流民最为省便的办法。然而，这些流民原本就是因为原籍地人口与耕地的比例失调而被迫流离他乡的，发回原籍的政策自然会遭到他们竭尽全力的抵制。而对于前一方案，当地官府则必须花费大量精力登记土地、编排里甲，故而地方官员并不认真推行。这就使得先前的矛盾一直没能得到妥善解决，终于导致了数年之后流民再次发动更大规模的反抗。

成化六年（1470年），刘通的部下李原（李胡子）和小王洪再次起兵造反。李原起义后，自称“太平王”，转战于湖广南漳、河南内乡和陕西渭南三省交界地区，随从的流民多达百万人。明朝政府任命都御史项忠总督河南、湖广荆襄军务，与湖广总兵官李震协同镇压。项忠一方面集结25万精锐部队，分八路进攻。另一方面又遣人入山，招诱流民出山复业。在项忠软硬兼施的剿抚政策下，数十万流民先后出山，从而大大削弱了义军的力量。成化七年（1471年），李原和小王洪等人先后战败被擒。项忠自食抚恤流民的诺言，对起义农民不分首从残酷屠杀，并将山区的一般流民也一律驱逐。有的流民从洪武年间开始就居住于此，而且已附籍，但项忠却不分青红皂白，一概加以剿灭，以致死者枕藉，惨不忍睹。参加起义的流民，有一部分乘船被解往湖广、贵州等地充军，途中发生了瘟疫，很多人病死之后被弃尸江浒，臭不可闻。项忠还强迫被骗出山的流民还乡，当时正值盛夏酷暑，许多人或因饥渴而死，或因疫病而命丧黄泉，死亡惨重。据记载，此次还乡“复业”的百万流民之中，被沿途折磨致死的多达数十万人。经过疯狂的大屠杀之后，项忠踩着流民的累累白骨踌躇满志，竖立了一块“平荆襄碑”。然而，许多人对于他的滥杀无辜极为愤慨，他们将“平荆襄碑”称为“堕泪碑”。

项忠的血腥屠杀，实际上并没能一劳永逸地解决荆襄流民问题。此后，明朝政府在12个通行要道上修筑营堡分兵戍守，还在8个过往关卡设立了巡检司。规定，此后倘若再有进入荆襄山区者，捉到后一律在山口披枷一个月示众，其全家成员则谪戍边卫。然而，严刑峻法和筑堡戍守并不能阻止流民再度进入荆襄地区。成化十二年（1476 年），河南歉收，饥荒严重。饥寒交迫的农民冲破政府的山禁和关津制度，如汹涌潮水般地入山求食，一时间，在荆襄地区的流民又集聚到了数十万人。倘若再次封禁，势必会再度激起反抗。面对这一局面，祭酒周洪谟著《流民说》，提出了解决流民问题的办法。有鉴于东晋曾用侨置郡县安置荆襄流民取得过明显的成效，他主张，如果让靠近各县的流民附籍，在远离各县的流民地区建立州县，设置官吏，编排里甲，放宽徭役，让他们安居生业，那么，流民也就转化为编户齐民了。明朝政府无奈之余，只得采纳了周洪谟的建议。成化十二年（1476 年），都御史原杰经略郧阳，抚定流民。原杰一到荆襄地区，就四出彻底调查情况，选派湖广、河南和陕西官员遍历山谷，向流民解释新的政策。流民们被告知，他们可以获得自己已耕种了好几年的空地，并且可以登记成为这个地区的合法居民。官员们向他们保证，新地在能够生产之前，可以得到减税的待遇。在这种优惠的条件诱惑下，当时取勘的流民共达 113317 户，男女共 438644 丁口。其中附籍者 96654 户，达 85%；男女 392752 丁，达 89%。在招抚流民附籍的同时，为了加强地方治安及管理，设置了郧阳府和湖广行都司，析置竹溪、郧西等县。此后，政府继续推行附籍政策，收效极为明显。弘治十八年（1505 年）和正德元年（1506 年），又有大批荆襄流民在当地附籍。荆襄地区的流民问题，暂时得到了解决。

荆襄流民问题的出现，是明代社会人口与耕地比例严重失调的表现。从人口方面来看，明代的人口（统计的范围大致北至明长城，西至河西走廊的嘉峪关和青藏高原东缘，东至辽东湾沿岸、辽东半岛和辽河下游东岸一带，西南至云南，略超出今国境，南方和东南与今国界相同，不含台湾），在洪武二十六年（1393 年）约 7000 万人。及至弘治四年（1491 年），官方登记的人口数却仅有 5000 多万。经过将近 100 年的休养生息，人口却比先前少了 2000 万，显然，其中有不少人成了流民。一般认为，明代的人口大约以年均增长 5‰的速度递增，故而弘治年间的人口数比起洪武年间有增无减，应当是断无疑义的。然而，弘治年间的耕地面积却仅有 6.22 亿亩。如果我们与历史时期作个比较，早在西汉平帝元始二年（2 年），全国人口仅 5900 万，而耕地已达 8.27 亿亩。虽然这些数据不一定完全准确无误，但却反映出：尽管人口不断增加，但耕地面积却长期停滞不前，明代的人口与耕地的比例呈现出严重失调的状态。在这种背景下，流民问题也就演化成全国性的规模，并且越来越成为难以解决的社会难题。在明代，绝大多数山区仍然是一片空旷荒凉，故而流民以山区为主要迁移目标，是再自然不过的一件事。特别是明代中叶以后，随着土地兼并日趋剧烈，赋役愈益繁苛，流民向山区进发更为时势所趋。流民这种自发的行动，客观上也成为解决平原地区农业人口相对过剩的一种特殊方式。

从政府的角度来看，大批流民的存在，使得政府的赋税徭役没有着落。流民的屯聚，也非常容易引发社会动乱，从而直接威胁到王朝的统治，故而必须妥善处理。但如何处理荆襄流民问题，明朝政府的政策却一直摇摆不定。周洪谟曾经指出："流民就好像流水一般，应当顺从其本性而加以引导，否则的话就会泛滥甚至壅溃。"揆诸史实，天顺、成化年间几次荆襄流民起义，都是统治者对流民处置不当所引发的。对于流民问题，明朝政府最初采取了遏阻的手段。先后颁发了《逃户周知册》《挨勘流民令》和《隐丁换户之禁》等法令，一再督促流民返乡复业，纳税服役。为了贯彻这些政策，明朝政府还于正统四年（1439年），在山东、山西、河南、陕西和湖广布政使司所属以及顺天等府、州，添设了抚治流民之官。然而，由于这些措施大都是治标不治本的权宜之计，故而丝毫未能减弱流民浪潮的势头。明朝统治者继而采用武力封禁山区，企图一劳永逸地解决流民问题。然而，荆襄一带地旷人稀，流民的集结主要是为了躲避不堪忍受的赋役负担，寻找可供开垦的土地，这是一种非常切实的求生本能，而且山区的开发也是明代社会经济发展的必然趋势。故而尽管明朝政府三令五申封禁荆襄地区，但其成效却极为有限。项忠等人虽然以血腥的屠杀驱逐荆襄流民，但结果却事与愿违。由于在流民的原籍地，传统农业比较发达，土地兼并加剧，人口与耕地的比例严重失调。只要这些问题没有解决，从耕地上被排挤出来的农民，一遇灾荒，必然又要流向荆襄地区，寻找谋生的机会。故而回到原籍的民众很快又会设法逃出，重新成为流民。项忠赶尽杀绝的屠杀政策失败后，周洪谟、原杰等人“抚治流民”的新办法，显然较之先前的军事镇压方略棋高一招。晚明人王士性，对比明代前后剿抚的不同政策时，曾这样评价说：“项忠之荡定，乃一时之功；原杰之经略，则百世之利。”从总体上看，经过原杰等人的安抚，80%以上的流民都陆续附籍，成了当地的居民，从而使得流民转化为编民，奠定了荆襄地区的社会秩序，促进了当地经济的发展。此后，荆襄地区的许多荒地，经过流民的进一步开发，迅速变成了肥沃的良田。而荆襄山区的开发，使得湖广地区农业经济有了迅速发展，从而提高了湖广在明代社会经济史上的地位。“湖广熟，天下足”的谚语，从此更是尽人皆知。

道德的楷模与现实的困顿
清官海瑞

看到以往几位谏官悲惨的下场，海瑞做好了赴死的准备。为实现自己的忠君报国之志，他不惜一死来唤醒执迷不悟的明世宗。他成功了，为自己赢得了极高的声誉。但面对积弊难返的明朝官场，海瑞却动辄得咎，无可奈何地感叹："这等世界，做得甚么事业！"

万历十五年（1587年）十月十六日，一代清官海瑞与世长辞，享年74岁。海瑞的名字可谓震古烁今，足可与中国历史上任何朝代的清官相提并论。所谓"清官"，虽没有十分严格的定义，但在人们的心目中，划定的界线还是较为明确的。最起码的要求是"清廉"，即个人生活清苦俭朴，为官两袖清风，具体说来即不贪污、不受贿、不徇私枉法。而海瑞的所作所为已远远超出了这些要求，他刚直不阿，疾恶如仇，不畏强暴，冒死谏诤，打击贪官豪强及为平民百姓伸冤做主。他称得上是中国古代“清官”的典范。然而，当我们纵观海瑞的一生，却发现其宦途相当坎坷，他虽以古稀之年卒于官舍，但他一生中真正履行自己匡时济世抱负的时间却很短暂，往往是稍有举措，便谤议四起，朝廷最高决策层对海瑞的态度也是明扬实抑，根本不予重用。海瑞在朝廷中实际上处于相当孤立的地位，这其实是海瑞留给我们深思的东西。

海瑞，字汝贤，海南琼山县人，明正德八年十二月出生。4岁时，其父海瀚去世，母亲谢氏誓自励守，纺绩为业，抚养幼小的海瑞。谢氏粗识书史，在海瑞幼时即口授《孝经》《大学》和《中庸》等典籍。母亲的启蒙教育对海瑞的一生影响很大，特别是其忠贞不渝的坚强品格更是让海瑞受益终身。后来他在《与琼乡诸先生书》中，对母亲谢氏作了高度的评价，他深情地回忆谢氏“苦针裁，营衣食”，节衣缩食，供养自己，甚至在身染疾病之时，也不肯稍事休息。海瑞自幼体弱，谢氏老夫人日夜与海瑞同寝处，并托付亲朋好友多加照顾。海瑞认为自己长大成人后稍知礼义，勤勉自慎，全赖母氏谆谆教诲之力。对此，后世学者也都认为，刚直勤苦的谢氏老夫人对海瑞一生影响极大，人们似乎可以从海瑞的言行中看到谢氏老夫人的影子。

少年的海瑞，颀秀挺拔，风神荦荦，自许甚高。在郡庠读书时，便常与二三同道互相激励，严修功课，以古今圣贤为楷模，痛斥伪善的世俗观念，自号“刚峰”，受到同学的敬重，称之为“道学先生”，在郡学之中声望日著。在读书的同时，海瑞渐渐形成了自己独到的学术与人生见解，他特重个人操守气节，鄙视追求个人的荣华富贵。他曾在文章中表达自己安身立命的誓言："上天以完整的节操系于汝等之身，而汝等不能将其保全，那么还有何颜面立于天地之间？俯首索气，曲学阿世，纵然能一举而跻身于卿相之列，成为天下人艳羡的焦点，却无足挂齿。呜呼！海瑞若有如此卑颜之举，不如速死！"刚烈之气溢于言表，我们似乎从这些文章中看到了海瑞的人生理想与道德追求。

血气方刚的海瑞不仅受到同侪学子的肯定与尊重，也受到了督学官员的器重与嘉奖。如嘉靖二十五年（1546年），督学林公就对海瑞的文章叹赏不已，且对其品性甚为称道。二十八年（1549年），督学蔡公按视琼州郡学，以"不以白乎"为题考察诸生，得海瑞答卷，玩赏移时，因而暗自探听海瑞的禀性与为人，惊讶在穷乡僻壤竟有如此奇才。也就在这一年，海瑞考中举人，得有机会赴京参加会试。到京之后，伏阙上《平黎策》。黎族是当时海南岛上主要的少数民族，因不满明朝的统治，屡屡发动暴动，明朝多次出动军队进行镇压，往往无功而返。海瑞在上书中批驳了这种劳民伤财、滥杀无辜的措施，提出：鉴于琼州距京师万里之遥的客观状况，请朝廷在当地开道设县，全面加强对海南地区的治理与开发。此策可谓"计规久远，悉中机宜"，不少官员极为赞许，朝廷亦命下兵部覆议。可能是因为海瑞人微言轻，此事不了了之。明清时期所谓"黎患"久拖不决，直到清朝末年才在当地建立道一级的行政机构，但仍没有设县，而这离海瑞上《平黎策》已有三百多年的时间了。

海瑞先后参加了嘉靖二十九年（1550年）与三十二年（1553年）的会试，均告落第。当时他已年满40，不愿意再为科举功名而浪费宝贵的光阴，于嘉靖三十二年毅然决然地听从吏部选调，受任福建延平府南平县教谕之职。教谕乃主管县学之长官，这给了海瑞一个施展人生抱负的机会。他到任之后，即对诸生反复申谕，特重学生品质之熏陶，道德之培育。

在等级森严的封建官场上，保持自己的气节需要绝大的勇气。刚刚踏入仕途的海瑞很快便遇到了严峻的考验。根据《明会典》记载，洪武年间即明令规定：因各处儒学均设在当地孔庙之中，每至朔望之时，当地行政官员应清晨谒庙行香。师生须出大门迎接，而至明伦堂后师生作揖，教官侍坐，官员退出时，师生复送至大门。但明代中叶以后，士风衰颓，一些教官惧怕上司淫威，不顾朝廷成法，在儒学内对上司竟行跪拜之礼。这是以气节为生命的海瑞所深恶痛绝的，因此，他在《教约》中明确规定诸生接见上官，须据《会典》诸书的礼节，于明伦堂见官，不许行跪礼，儒学前迎接亦然。一次，南平当地长官至儒学上香，至明伦堂后，教官出来谒见，左右教官皆跪，唯独海瑞长揖不跪，左右恐长官斥责，强迫海瑞行跪礼，海瑞回答道："谒见朝官，应遵照宪纲规定的礼节，明伦堂乃师长教学之地，我身在师席，岂能行下跪之礼。"一些官员见此情状，不免怒形于色，讥讽道："安得有此山字笔架？"海瑞巍然不动，诸位长官不悦而去。从此，海瑞就有了一个"笔架博士"的雅号。

这件事发生后，海瑞感到十分愤懑，自己以祖宗成法为模式，教导学生崇尚气节，何错之有，竟得不到上司的理解。联想自己多年苦读，处处以"圣贤之道"作为立身之本，将气节看得比自己生命更重要，谁知今日，刚刚踏入官场便横生枝节，区区礼节尚不能见谅，遑论日后施展自己的抱负。真是“缺陷世界，何能有济”！书生意气十足的海瑞越想越想不通，一气之下，竟提出辞呈，上交郡衙，想就此告辞还乡，独善己身。海瑞的辞呈送至延平府后，一些地方长官想起当日情景余怒未消，极力主张同意海瑞的要求，允其解除公职，放其还乡了事。

“争礼”一事似乎给刚刚踏入官场的海瑞当头一棒，眼见得出师不利，无力回天之时，事情出现了根本的转机。当时的延平知府在看到海瑞的辞呈后，却惭愧不已地说道：“海瑞之言行均合祖制，是吾等行事之误也。”更加幸运的是，当时大司空朱衡（字镇山）为福建按察司提学副使（时称“学宪”），闻听此事后，对海瑞的气节人品非常赞赏，当即将海瑞召来，命就正学书院进修。海瑞依然要求离职，朱镇山宽慰他道：“汝自幼饱读诗书，究竟为何？汝出任公职，究竟为何？难道就为争一跪之礼而全部放弃吗？”这话使质直的海瑞有些醒悟了，平心静气一琢磨，难道就为此事而永远归居田野，不入俗尘了吗？这当然是一心志在爱民行道的海瑞所无法接受的。就这样，在朱镇山的劝导与挽留下，他才打消了辞归乡里的念头。

但是，在此风波之后，海瑞依然坚持自己的主张，在学堂之内对上司不行跪拜之礼。又有一次，福建按察使长官到延平府视察，海瑞率领众位学生迎候于廓门之外，有位分守道的官员早到一步进入大门，见海瑞昂然不跪，十分惊讶，便问随从这位长揖不跪的人是谁，随从答曰：“此乃海教官。”这位官员便命随从暗中观察，想看一看海瑞见到按察使长官的态度。结果，按察使长官进门时，海瑞依然故我，保持长揖不跪的姿势。这位官员知道后，不禁吐舌叹服道："今日之世竟有此等的教官！"海瑞的名声从此在四处传扬，不少过往的官员也都知道了南平有一位"笔架博士"。

海瑞任教官长达4年，一直坚持自己刚直不阿的立场，实属难能可贵，而我们为之庆幸的是，海瑞的正直抗争固然引起了一些官员的非议与憎恶，但也赢得了不少士大夫的交口赞叹，后者认为如此刚直守道、不畏权势的教官，恐怕只有在古人之中寻找。因此，海瑞任教官4年，不畏权势，昂然犯颜，独守己道，他的行为不仅没有为自己招来罢官的厄运，而是声望渐起；不仅当地官员默认了他正直的行为，而且"守相台察以上，咸鉴涵之矣"。这不能不说是海瑞的幸运。他得到了高度的评价："以礼为教，其讲论道德以及经义治事，一一实事求是，不为俗学所染，是教职中最难得者。"因此，巡按、监司等官员纷纷上书举荐海瑞。于是，嘉靖三十七年（1558年）海瑞升迁为浙江淳安县令。从受任南平教谕，到升迁淳安县令，这5年是海瑞仕宦生涯中最平坦顺利的5年，虽有波折，但无甚大碍，这无疑与其所任教职、不涉民事的实际情况有关。

就任淳安县令是海瑞一生中的一个重要转折点，是真正了解天下黎民疾苦与王朝政治利弊的开始。淳安县是浙江省境内的一个山区小县，地瘠而民贫，地方经济相当落后，作物只有茶、竹、杉、柏等，并无其他特产。崇岩叠嶂，百姓纷纷逃匿山林之中。山下田亩均为豪吏之家侵夺，贫穷之家常常吃不到粮食。其县又地处新安江下游水路要冲，官员舫船频繁过往，均须调用当地百姓为其迎送，大大增加了当地民众的各种负担。

海瑞初来乍到，阅览册籍，发现民户逃亡人数超过在册人数的一半。面对百姓生活痛苦之状，他不禁感慨万千，顿生恻隐之心。他决定以身作则，饭粝羹藿，保持极为简朴的生活。俸薪之外，分文不取。家童随从均令出外樵采，公庭无事，吏员们也可业余从事工商，以补贴俸禄之不足。官署中有一块隙地，海瑞命老仆"树禾麦，艺蔬芥"，旦夕取以自给。海瑞刻厉守贫的作风在当时的官场中是相当罕见的。有一年冬天，他去北京吏部办事，他的老上司朱镇山正在吏部任职，见到海瑞在隆冬之际仍服一袭破敝的单衣，不禁埋怨他道："即便是守穷乐道，难道还不能制作一套官服吗？朝廷命官起码要有一点体面嘛。"海瑞这才赶制了一套黄石绢的官服穿上。海瑞在自己的职权范围内，将县里各种钱粮制度编成一书，名为《淳安政事》，予以公布，使普通百姓对应该承担的赋役数额一目了然，从而避免了办事吏员的作弊。

淳安地处交通要道，来往官员路过之时，必以各种方式索要财物，当地官员为保住自己的乌纱帽，自然不敢得罪，便将这种人情钱都分摊给当地民户，弄得怨声载道。海瑞一反常规，均从自己收入中开支，有则送，无则已。有巡抚长官至，没有得到馈赠，便遣吏送信加以威胁。海瑞义无反顾道："充军死罪，宁甘受，安可为此穿窬猥亵之举耶？"一般外官进京，都要携带大量礼品，为交际高官打开宦途。当人们劝说海瑞也仿效而行时，海瑞反问道："如果天下官员均不向上司行贿，难道都不能升迁？如果天下官员都向上司行贿，难道都能不受黜？"

当时，徽州绩溪人胡宗宪任浙江总督，此人因平定浙西及擒获著名海盗汪直（或称王直）等人，战功赫赫，震动朝野，因而官进少保、兵部尚书，总制东南数省。面对这样一位大人物，海瑞也显示出了刚直不阿的性格。有一次，胡宗宪的家奴路过淳安，耀武扬威，大肆索要财物，海瑞严词加以拒绝，这些家奴回府后，到胡宗宪面前告状。幸好这位胡大人并非鼠肚鸡肠之辈，对海瑞的正直耿介早有耳闻，对这位“不食人间烟火”的下属官员竟有一些敬佩之意，对于家奴所言只是一笑了之。有一次，他还诡秘地对手下官吏讲道：“昨天听说海令为其母做寿，买了2斤猪肉，真是不容易啊！”

不过，海瑞不可能不为自己的正直付出代价，因为睚眦必报的长官是随处可以遇到的。这里要讲的就是一位权倾一时的朝臣鄢懋卿。此人在《明史》中被列入《奸臣传》。他在大奸臣严嵩柄政时期，死心依附，得严嵩父子宠任，特命为总理两浙、两淮、长芦、河东盐政，因而尽握天下利柄，权势煊赫一时。所到之处，郡邑官员膝行匍匐，极尽讨好谄媚之态。鄢懋卿生性奢侈，得志之后除用巨额资财贿赂严嵩父子外，为满足一己之私利，利用权势肆意敲诈盘剥地方官吏。他以盐法都御史巡视州县，携其妻同行，特制五彩舆，命12位年轻女子舁之，道路之上观者如堵，无不惊骇。地方官迎送，为讨其欢心，更是奇招迭出，以至于以文锦覆被厕所，用白金文饰溺器。馈送钱物之人不远千里而来，络绎不绝。

海瑞闻知鄢懋卿将要路过本县时，采取了先发制人的方式。鄢懋卿在出京之时，曾经故作姿态，预先通知沿线官吏道：“本官素性简朴，不喜承迎。沿途饮食供帐，都应俭朴为尚，毋得过为华侈，侵扰百姓。”而真实情况却是：“各处皆有酒席，每席费银三四百两。供帐极华丽，就是溺器也用银制之具。”针对鄢氏这种虚伪的两面手法，海瑞在鄢氏未到淳安之前，即向其发出揭帖，声明“沿线官吏所为与鄢大人要求大相径庭，实为将百姓之苦怨归罪于鄢大人的错误之举，淳安百姓疲敝，本县令不知如何招待”云云。

鄢懋卿接到海瑞的揭帖后，心中不禁十分恼火，但素闻海瑞刚直之名，为避免尴尬的正面冲撞，鄢懋卿只得压住心中怒气，强作欢颜，命手下绕过严州境，改道而行。颇具讽刺意味的是，淳安县的上司严州府知府一班人早已听到鄢懋卿一行要来的消息，在其将要到达的前一天，知府还特别强调下属部门盛情款待。根本没想到海瑞的一张揭帖竟把这位红得发紫的大人物给气跑了，严州知府闻讯后惊恐不已，料定鄢氏必要进行报复，自己及下属倒霉的日子就要到了。左思右想，结果一腔怨气都落到了海瑞的身上。这位知府把海瑞召到自己的衙门，拍打公案，破口大骂：“你海瑞是多大的官衔，竟敢如此轻狂，弄得我等与你一同遭殃。”海瑞只是端坐不语，丝毫不作辩解。待知府骂够了，海瑞才起身行礼告辞。海瑞这副“好汉做事好汉当”的态度弄得严州知府也无可奈何。

鄢懋卿回到北京后，即派其亲信御史袁淳前往淳安巡察，发誓要找茬除掉这位“海强项”。袁淳到达淳安后，海瑞虽知这位官员的巡察关系到自己的宦途，但绝不肯做卑躬屈膝之事。袁淳发现海瑞果然迎送不远，供应不隆，对他讲话的态度也较冷淡，不禁怒火中烧，讥讽道：“你即使想学知府的派头，恐怕还没有资格吧！”按明朝官制，官员任期届满后，如无可指摘之处，即可升迁，当时吏部已准迁海瑞为浙江嘉兴府通判，为正六品官衔，而袁淳回京后，评价海瑞“倨傲弗恭，不安守分”，结果升职一事搁浅，只能以原职改调。当海瑞前往北京听候任命之时，又多亏老上司朱衡正任吏部右侍郎，从中周旋。当时恰好江西兴国县缺少县令，海瑞被改派到兴国县。海瑞由此失去了一次来之不易的升迁机会。

明代官场上素有“命运低，得三西”之谚，“三西”是指山西、陕西和江西三省，其意是被派往这三处无油水可捞的穷地方做官，只能怨自己运道不佳。海瑞所到的兴国县，就是一个相当穷困的地方。他下车之始，正值兵荒马乱之余，户口稀少，百废待举。海瑞毫无怨言地又开始了救助黎民的行动。有了若干年的从政经验，海瑞到兴国后似有轻车熟路的感觉。他敏锐地发现当地居民贫困的主要原因在于各种名目的征派太多，便向南赣都御史吴尧山上陈“八议”，即8项治理的主要措施，这些措施切中时弊，言人所不敢言。他又亲自监督清丈土地，铲除当地恶霸，解决土地纠纷。海瑞的一系列举措大都得到了南赣巡抚吴尧山的支持，在短短一年多的时间里，做了不少兴利除弊之事。

嘉靖四十三年（1564年），海瑞携二仆北上，授户部云南司主事（正六品）。从此，海瑞开始在北京任职。当时在位的明世宗自15岁登基后，已在宝位上坐了四十多年。即位之后，面对明武宗留下的混乱局面，世宗求治之心甚锐，惩治奸佞，广施善政，天下欣然，出现了少有的太平景象。但是好景不长，这位世宗皇帝就闹出荒唐之事。其一，为“大礼议”。他本人并非武宗之子，其父兴献王乃明宪宗之子。他即位后，一心想为生父弄一个光彩的名分。一些阿谀奉承的朝臣为满足世宗的要求，肆意改动皇帝世系，惹得众多大臣拼死抗争，世宗颇为恼怒地进行镇压，一大批官员被入狱，处死、流放数百人，一时震动天下。此事过后，庙堂之上敢与世宗对抗之人已极为罕见了。其二，是这位世宗皇帝特好方术，千方百计寻求长生不老之道，故而在皇宫内院日日斋醮，搞得乌烟瘴气。斋醮仪式上，需要“青词”，即写给天神的表章，一些无耻文人为讨世宗欢心，挖空心思，巧为制作，不少阁辅甚至因善此道而被称为“青词宰相”。虽然世宗专心于斋醮，但他素以刚愎自用著称，十分担心大权旁落，对内阁大臣疑心颇重，因而朝中大臣为争夺权力开始了复杂的斗争，先后担任首辅大臣的有杨廷和、费宏、杨一清、夏言等人，而世宗朝任期最长、影响最大的还要数严嵩。

严嵩以一意媚上而独擅大权，心计之奸猾一时罕有其匹，“移帝喜怒，往往不失”，借世宗之手诛除异己。独揽大权后，贪污受贿，作威作福。不少正直的官员奋不顾身弹劾严嵩，结果大多惨遭毒手，最出名的是杨继盛，于嘉靖三十二年（1553年）揭发严嵩十大罪和五大奸，严嵩恼怒至极，命亲信处杨继盛绞杀之刑，而世宗并不同意，在狱中关了两年之后，严嵩竟将其名混入其他卷宗，瞒过世宗，终使杨继盛含冤就戮。以后徐阶得到世宗的信任。严嵩因年迈智昏，握权太久而使世宗极为厌恶，一些乖巧的大臣乐得“墙倒众人推”，终于扳倒了严嵩父子，徐阶继任首辅。这是海瑞入京前两年的事情。

严嵩的破败丝毫没有影响世宗对方术、祥瑞、斋醮的迷恋，深居西苑，乐此不疲。有一次，世宗竟提出让太子监国，自己专心修炼，满朝文武惊愕之余，谁也不敢提出异议，只有太仆卿杨最抗疏上谏，指责世宗春秋方壮，尊为人主，竟妄想升仙。正在兴头上的世宗勃然大怒，立即将杨最打下锦衣卫诏狱，重用杖刑，杨最还未等杖刑完毕就已一命归西了。世宗在位期间，并不乏忠言上谏之人，然而都落得极其悲惨的下场，因而再也无人敢批鳞揭短，犯颜强谏了。

这便是海瑞进京后面对的严酷现实，一贯以守道尽节为己任的海瑞不能坐视黑暗污浊的泛滥。他开始酝酿，准备用自己的生命去作一次搏击。他与翰林王弘诲交往甚密，一日论文对酒之余，忽取出20两银子交给王翰林道："我死必以此葬我。"海瑞这位铁骨铮铮的伟男子于嘉靖四十四年（1565年），冒死上《治安疏》。

在这篇惊世骇俗、震动天下的奏疏中，海瑞淋漓尽致，酣畅透彻地揭露了世宗即位以来的种种过失，措词相当激烈。指责世宗"专意修炼，竭民脂膏，滥兴土木，二十余年不视朝事，导致法纪废弛；数年滥封侯爵，名器贬值；与皇子不相见，薄于父子之情。以猜疑诽谤戮辱臣下，薄于君臣之恩；乐西苑而不返，薄于夫妇之德。吏贪官横，民不聊生，水旱无时，盗贼滋炽。""且陛下之误多矣，其大端在于斋醮。"这种一针见血地指摘恐怕是任何一位唯我独尊的帝王所无法忍受的，一向专断护短的明世宗更不例外。嘉靖皇帝阅毕，大怒不已，将奏疏扔在地下，对左右近侍道："赶快将此人抓来，不要让他跑掉。"在旁的宦官黄锦却不慌不忙地说："此人素有痴名，听说他在上疏之时，知道所奏定会触怒圣上，所以预先安排好后事，买好一口棺材，与妻子诀别，正在朝房待罪，手下僮仆已全部遣散，因而臣等料定他是不会逃跑的。”这平静的一席话竟然使恼怒已极的世宗惊得目瞪口呆，半晌说不出话来。面对这样一位置生死于度外的刚直之士，他还能像处置杨最等人那样故伎重演吗？在群臣的众目睽睽之下，就是把海瑞抓来了，又能将他怎么样呢？况且海瑞之言句句是实，又如何反驳？想到这儿，他不得不又拿起海瑞的奏疏。

其实，海瑞奏疏的内容是多方面的，并非一味地“骂皇帝”。他首先对世宗皇帝有较多的肯定，如云：“陛下天质英断，睿识绝人，可以成为像尧、舜、禹那样的贤明君主。……即位初年，革除积弊，焕然与天下更始。”这些话自然是世宗所爱听的。其次，海瑞对天下臣子的阿谀媚上也进行了鞭挞，他明确指出，君王有过，正赖臣子匡救，而当时臣子争相媚上，例如世宗喜欢醮修，群臣相率进香；发现天桃天药，大臣相率表贺。皇帝想修建宫室，工部极力经营；皇帝命取香觅宝，户部立刻四处派出差役。可谓“陛下误举，诸臣误顺，无一人为陛下一正言焉”。“欺君之罪何如？”最后，海瑞对世宗的重新振作、幡然悔悟充满了希冀，如切盼世宗“一洗数十年君道之误，置身于尧、舜、禹、汤、文、武之上；也可使其臣洗雪数十年阿君之耻，……陛下何不为之？”可见，海瑞的论疏并不是片面的，而是相当全面合理的，既明确地披露了世宗政道之失，又批评了臣下的无耻媚上，同时对世宗的改正抱以厚望，这不能不说是海瑞《治安疏》的高明之处，《明实录》的著者们曾下按语道：“瑞疏言谠而意忠，非欲批逆鳞而沽直者。”故而世宗反复披阅后，也不得不在奏疏上批道：“这厮有比干之忠，只不过朕并不是暴虐无道的商纣王。”不过，愤怒难消的世宗还是把海瑞抓了起来。

嘉靖四十五年（1566年）十二月，世宗崩于内宫，其遗诏中有云："见监者，即先释放复职。"海瑞赖此方才重见天日。当监狱主事得知世宗驾崩的消息，估计海瑞定会被重新起用，便设盛馔款待海瑞，而海瑞却以为这是他"最后的晚餐"，按惯例，第二天处死的犯人必于前一日饱享一顿酒饭。海瑞豪饮狂啖，兴致极好，主事不免奇怪地问道："先生今日何欢之甚？"海瑞坦然道："欲作饱死鬼耳！"主事连忙说："别误会，别误会，适才闻听宫中人云皇上驾崩，先生可见大用矣！"海瑞闻听此言，大为震惊，问道："消息可靠吗？"主事作了完全肯定的回答。没想到海瑞非但没有半点喜色，反而扑倒在地，号啕大恸，刚刚入口的酒菜一并呕出，绝而复苏，终夜痛哭不止。

"人生自古谁无死，留取丹心照汗青。"这大概是恪守儒家道德规范的传统士大夫所企盼的人生最高境界。"文死谏，武死战。"在以卫道士自命的海瑞看来，这是天经地义之事，也就是他敢于冒死强谏的思想基础。同样，也就在这一轰动全国的事件中，海瑞真正实现了他孜孜以求的道德理想，"一日而直声震天下，上及九重，下薄海内外，无不知有所谓海主事也"。可以说，海瑞本人的道德追求获得了极大的成功，然而，这并不能为其实现自己救国救民的政治理想开启绿灯。

新即位的穆宗皇帝早就听说了这位"海刚峰"的大名，因而海瑞很快官复原职，天下官民拍手称快。不久，海瑞又升迁为大理寺右丞，官居正五品，开始了一段较为平静的仕宦生涯。先后历任两京左、右通政（正四品）等职。隆庆三年

（1569年）夏天，海瑞又升任都察院右佥都御史巡抚应天十府。到任之后，海瑞锐意兴革，整肃吏治，一切以黎民百姓的利益为重，力摧豪强，扶助贫弱。没想到由此掀起轩然大波，海瑞的抗争遭到失败，几乎完全断送了自己的仕宦之路。

应该说，海瑞过于乐观，错误地估计了局势。海瑞曾在浙江淳安、江西兴国大力整顿吏治，使当地面貌为之一新。虽然由于抵制朝廷高官，遭到报复，但他兴利除弊的行动并没有受到过多的阻力。这两地均属偏僻穷苦之地，没有多少官僚士绅的势力，海瑞在当地推行政治改革的影响相当有限。而应天十府的情况就大相径庭，应天巡抚的辖区有应天、苏州、常州、镇江、松江、徽州、太平、宁国、安庆、池州等地，是当时明朝人口最集中、经济最富庶的地区之一，大批闲居的官员麇居于此，号称"仕宦之渊薮"。海瑞的莅任本身就引起了当地士绅的惊慌。自忖有贪贿行为的官吏要求辞职或改到他处任职，原装有赭红色大门的豪强也连忙将门漆成黑色。名满天下的海瑞意气轩昂地"单车入官署"，"慨然以澄清天下自任"。

但海瑞没有认真分析应天当地的客观状况，却把他在淳安、兴国等地的施政经验照搬照抄，如他将《淳安政事》一书润色扩充为《督抚宪约》，宗旨仍然是"斥黜贪墨，搏击豪强，矫革浮淫，厘正宿弊"。海瑞的施政特征首先是"搏击豪强"，即专门跟称霸一方的豪绅之家作对。然而要在应天十府做到这一点，不啻捅马蜂窝，引火烧身。当时有识之士就明确指出："天下财货，皆聚于豪势之家。"应天一带正是官绅地主集团力量最集中的地区。赵翼《廿二史札记》中专有一节《明乡官虐民之害》，扼要地抨击了明代官绅横暴乡里、鱼肉细民的状况，这也就是应天一带情形的真实写照。其中最突出的便是土地兼并的矛盾。豪强田连阡陌，弱者无立锥之地，丧失土地的农民被迫四处流亡。一州一县之内，流徙之民，常居其半。这种状况不仅导致朝廷的税赋不足，更激化了社会矛盾。面对如此敏感而棘手的难题，海瑞竟"冒天下之大不韪"，从土地问题开刀，逼令侵夺民田的官绅之家退田。而当地占地最广的士绅之一竟是对海瑞有恩的退休首辅徐阶，产业之多，令人骇异，据说有田数十万亩。海瑞也一视同仁，责成徐阶退其田亩的半数以上。这使饱受势豪欺压的平民有了扬眉吐气、申诉冤屈的机会，却让徐阶处于十分难堪的境地。贫苦农民成群结队，沿街呼号，每日都有上千人在徐府门前示威哄闹。徐府家人无计可施，只得取来臭泥粪堆在院前，见有人闯入便用泥泼出。徐阶对海瑞可以说是恨之入骨。作为曾经叱咤风云的一代权臣，徐阶自然不会坐以待毙，他的暗中活动在很大程度上决定了海瑞的命运。

海瑞的另外一项重要改革，更是激起了整个官僚集团的反感，使一度众望所归的"海青天"陷于非常孤立的境地，这就是"裁减邮传冗费"。驿路在中国古代交通运输史上占有举足轻重的地位，明代开国之初，朱元璋等人即特别重视驿路的建设，为公差人员的往来提供方便，并制定了较严格的规定："州县理民事，驿递管过客。"州县官吏不准参与驿递之事。但随着时间的推移，出于种种原因，这种制度已形同虚设。驿递经费的拮据促使来往官吏责成地方官提供所需夫马，地方官为交好路过的高官也主动地提供方便，而这种额外的费用都向境内的民户摊派。这自然增加了民户的负担，然而相沿已久，成为一种官场上尽人皆知之事。海瑞莅任后，迫切要减轻民众的疾苦，发现“过客之费，不减贪吏”，就大刀阔斧地进行更张，大幅度地削减来往官吏的招待费用，甚至细枝末节也进行了明确的规定。如将鼓吹旌旗手由原来的 8 人改为 1 人，舆夫扛夫由 24 名改为 4 名。

海瑞的本意在于减轻平民的负担，缓和社会矛盾，无可厚非，但这种处理方式不免过于简单，大有“不近人情”之嫌。封建时代官吏升迁转调相当频繁，而且一般均携带家眷。在交通条件相当艰苦的年代，长距离的辗转奔波是非常不容易的，正如俗语云：“在家千日好，出门一时难。”而如何改善交通环境与设施，则是官府的重要责任，如果朝廷对此忽视不理，必将使这种交通运输矛盾更加突出，增加奔波中各级官吏的痛苦，明代驿站的演变正说明了这一点。驿递制度自洪武年间确立后，一直未作任何更订，至海瑞生活的年代，大约已有近 200 年的时间。原有的制度显然已大大过时，日趋腐败的明朝政府对此视而不见，各级地方官吏必然根据实际情况进行干预与调整，为来往官吏提供便利，很难一概归结为阿谀奉迎。海瑞对此缺乏认真的分析，闭口不谈朝廷对驿递制度弊端的责任，却简单地以“恢复祖制”为旗号，一味削减习以为常的官吏驿站待遇，使过往的官吏陷于无人理睬的境地，扛夫与驿马不足，只得自己掏钱另外雇请，可谓苦不堪言。有的官吏甚至干脆绕道而行，离开海瑞的辖区。应天十府的各级官吏怨声嗷嗷，对海瑞的这种更张均持反对态度。“众怒难犯”，在官官相护的封建官场上更是如此，空前的孤立使海瑞在遭到弹劾与攻击时，再也没有人肯站出来替他鸣不平了。

在海瑞就任应天巡抚仅仅半年之时，舒化、戴凤翔等人就连续上疏弹劾海瑞。对此，虽然海瑞进行了强有力的反驳，但回天乏术，终于使自己丧失了继续施展政治抱负的机会。舒化在奏疏中指出海瑞“迂滞不谙事体”，特别指出他在驿递制度上的举措“以难过客，恐非人情”，建议授海瑞以南京闲职。舒化的弹劾并没有使隆庆皇帝动心，仍然对海瑞优奖有加。但戴凤翔的长篇奏疏接踵而来，此疏对海瑞的大多数举措进行了抨击，指责海瑞“包庇奸民，鱼肉缙绅，沽民乱政”等等。看到如此严重的后果，隆庆皇帝对海瑞的举措不免产生了怀疑，首辅高拱等人也责怪海瑞“更张太骤”“颇拂人情”。海瑞愤然上疏进行申辩，却被给事中指责为对言官“丑诋孟浪”“尚气凌人”。在这一片反对声中，海瑞被命以原官总督南京粮储。虽然当地百姓听说海瑞将离任，“号泣载道”，但绝大部分官绅们则额手称庆，相互道喜。

就在海瑞将要赴新职之时，首辅高拱又乘机倾轧，裁革南京粮储都御史之职。面对这样明目张胆的报复，刚直的海瑞愤愤不平，毅然上疏告病还乡。在此疏中，海瑞对当时官场的庸暗状况进行了痛快淋漓的揭露与抨击，并辛辣地指斥：“今举朝之士皆妇人也。”这显然过激的言词更激起了高拱等人的强烈反感，也使海瑞成为众矢之的，在朝中无立足之地。穆宗即命海瑞归乡听候调用。

明穆宗在位仅6年，在其去世后，神宗登基。神宗即位时年仅10岁，朝中大权基本上掌握在张居正手中。张居正是有明一代大事更张的改革家，整顿吏治，修饬边防，颇见成效，尤其是大规模推行“一条鞭”法，取得了巨大的成功。张居正推行的一系列改革措施，与海瑞兴利除弊的主张颇有相通之处。在张居正专政期间，虽有一些朝臣举荐海瑞，但张居正不予理睬，使海瑞有长达十余年的赋闲生涯。

海瑞居家达 16 年，他杜门耽于图史，书斋之中列四五书橱，并无其他物玩。斋西有一小块菜圃，命书童种植蔬菜，庭院之中，有十几株铁树，颇为可观。海瑞保持着十分简朴的生活，蔬饭杯茗，不治酒肴，却以有限的银两资助贫困的亲属，热衷于提携后进，或亲自为之讲论，侃侃不倦，大有萧然物外、悠悠自得之趣。在沸沸扬扬的“夺情”事件中，有人在上疏中借助海瑞的声名，引起张居正的不满，派遣巡按御史深入海南岛窥探海瑞的动向。可深山闲居的海瑞对朝中之事一概不知，甚至不晓得张居正父亲之丧。四壁萧然的情形令这位御史叹息不已，对海瑞待客的“鸡黍（黄米饭）”更觉无法下咽。他将这些情况向张居正做了汇报，张居正这才放下心来，但深知海瑞峭直的禀性，至死也无召用海瑞之意。

张居正卒于万历十年（1582 年），吏部开始起用一些被张居正贬抑的官员，海瑞也在其中。万历十二年（1584 年）底，海瑞终于得到了朝廷的召请，海瑞以为“千载一时之会也”，不顾 71 岁的高龄，欣然北上，于翌年就任南京吏部右侍郎。海瑞在当时享有崇高的威望，初到南京之时，当地百姓夹道相迎，附近穷乡僻壤都在交口相庆“海都堂”的来临。

万历十四年（1586 年），73 岁的海瑞上书恳请致仕（退休），兼论时事。他指出张居正在乾纲独断之时，整顿之举收效不大，其原因在于刑罚太轻。由于海瑞在上疏中明确指出当时“无一衙门无有”的贪污腐败现象，引起了一些官员的仇恨，借口海瑞倡言酷刑，请皇帝予以斥责。万历皇帝虽然看到海瑞奏疏“词多迂戆”，但想借助海瑞的名望，不仅特加优容，还对弹劾的官员进行了处罚。不仅如此，万历皇帝还想将海瑞调入北京委以重任，但是当朝首辅大臣对海瑞存有极大的戒心，暗中阻挠，神宗也无可奈何，只是将海瑞擢为南京右都御史。

年迈的海瑞莅任新职后，并没有因前车之鉴而畏首畏尾，依然全身心地致力于兴利除弊的政治改革。他每下一令，简明扼要，切中时弊，南京百姓街谈巷议，很快耳熟能详。而当地官员“自大僚至丞郎，无不凛凛奉法”，不敢以片纸擅取市中粮物，不敢相聚饮为大宴乐，这可苦了南京一帮原本放任无羁的官吏。很快，海瑞又受到了御史房寰的弹劾，疏中所云反映了许多士绅的怨恨之情。房寰指出：“海瑞莅官后一无善状，一言一动无不为士论所嗤笑。”内阁大臣们感到海瑞的主张“颇不协于公论”，但鉴于海瑞道德楷模的风范，特命照旧供职。在京办事的几位年轻进士出于对海瑞的爱戴，联合上疏为海瑞鸣不平。当朝首辅却以“出位言事”为由，对他们做出“革去冠带，退回原籍”的惩罚，由此更可以看出最高决策层对海瑞明扬实抑的态度。

年逾古稀的海瑞也确实感到心有余而力不足，他以年高体衰为由先后 7 次上疏乞求告老还乡，而万历皇帝再三挽留，执意不允。在最后一次以疾乞休的上疏后不到一个月，海瑞卒于官舍。同乡苏民怀检点其行囊，竹笼之中仅有俸银 8 两、葛巾一端、旧衣数件。见此情形，各位士大夫无不潸然泣下，难以自已。据说海瑞的去世在南京掀起了哀痛的浪潮，在其棺椁还乡之日，悼念活动达到高潮。“男女老幼提携香炉，夹道呼号‘海爷爷’之名，齐声号泣，如丧考妣。”当丧船行进在长江之上时，身穿白衣冠、为海瑞送殡者夹立于两岸，长达百余里。

海瑞生活的年代正是明王朝开始走向衰落的历史转折时期，明初制定的各种法令、条例已经逐渐丧失了对社会各阶层的控制力与约束力。时过境迁，封建政府本应依据新形势的需要，对原有的制度进行调整与更订。但在崇尚“祖宗之法不可变”的社会里，官方正式的更改显然不太可能，一些不成文的规矩应运而生，相沿既久，约定俗成。这种现象的出现，并不能说完全是贪官污吏出于私利的创设。但有令不行，有禁不止，成文之法形同虚设，毕竟不是一种正常的现象，更为政治腐败打开了方便之门。在这种“国俗民风，日就颓弊”的状况下，清官海瑞出现了。海瑞自幼饱读诗书，深受儒家正统观念的熏陶，刚直耿介的禀性使他将儒家的种种信条奉为行动之圭臬，处处循规蹈矩。作为忠直的重要体现，他将200年前朱元璋订立的各种制度作为自己施政的蓝图，以挽救日益严重的社会经济危机。如在驿递制度上的举措，虽然以减轻百姓负担为宗旨，却得到“仇视过客、不近人情”的评价。可以说，海瑞的一些重要改革犯了方向性的错误，即“开复古之门路”，其失败是不可避免的。这也充分体现了一位封建官员的历史局限性。

海瑞的施政措施从表面上看处处搏击豪强，佑护平民，博得“爱民如子”的美誉，但海瑞遭受排挤与打击，依然属于官僚统治阶层内部的矛盾。作为一位出身于中下阶层的官员，海瑞更能体会各阶层之间错综复杂的矛盾。他力图通过压制豪强势力的方式，来缓和当时日益尖锐的社会矛盾，达到封建王朝长治久安的目的，但是这种尝试仍然得不到官绅集团的理解与支持。如他强调在应天实行的种种改革举措，正是“为江南立千百年基业”。他巡历松江之时，就接到数万平民控告官绅攘夺田产的诉状。当地官绅拥有田宅之多，奴仆之众，“小民詈怨而恨”，为全国所罕见。也就是说，松江府一带由土地兼并所引发的社会矛盾已到了非解决不可的程度。为避免矛盾的进一步激化，海瑞才接受平民的诉讼，要求官绅退田。如他明确表示，力劝徐阶退田，也正是“为此公百年后得安静计也”。否则，“民风刁险，可得而止之耶？”然而，海瑞的这种努力最后以失败而告终，证明在封建王朝日趋衰落之时，官僚集团已缺乏自我约束及调整的能力。海瑞虽有“欲以身为障，回既倒之狂澜”的抱负，却被人讥为“志大才疏”“不可一日居地方”。在“四面楚歌”之中，孤掌难鸣的海瑞只得怏怏告归，感叹“这等世界，做得甚么事业”。

最精确地概括海瑞一生的评语，就是当时王凤洲所云：“不怕死，不爱钱，不立党。”海瑞确实是一丝不苟地做到了，因而成为一个不可多得的道德楷模。言行一致、表里如一、刻苦自励、纯洁无瑕的品性令人无可挑剔。但由此产生的效应却让海瑞处于极端孤立的境地，因为他刚直廉洁的风范，使整个官僚阶层自惭形秽，给他们带来了巨大的精神压力与行动限制。就连万历皇帝也对他有“强项不能谐时”的评价，也就是说，海瑞这种忠介刚直的品德与时代潮流并不吻合，不可能成为全体官僚仿效的对象。但海瑞本人并没有清楚地意识到这一点。世宗朝的冒死上谏，使海瑞的道德追求获得了极大的成功，而这种成功更使海瑞坚信道德的力量，并将道德与世俗人情加以对立。他固执地认为每个封建官僚都应是正人君子般的道德师表，否则就有贪官污吏的嫌疑。我们在海瑞的诸多施政方案中都可以发现这种特征，显然这是极不现实的，这也是导致海瑞宦途坎坷、一生多蹇的关键因素。海瑞最后在绝望失意中死去，他感到了仅凭个人的力量无法扭转王朝日益深重的危机。这种危机如四处崩溃的千里长堤、汹涌而至的狂澜，将海瑞这“傲霜雪的劲草”（李贽之喻）很快淹没无遗，这也是海瑞无法摆脱的悲剧命运。

倭患始末
明代海防与海禁

"片板不许入海"的海禁政策非但没有阻止倭寇的侵扰，反而断绝了沿海居民的生路。我们不该简单沉醉于抗倭战争的胜利之中，因为许多"倭寇"不过是被迫"下海"的大明王朝的子民。

海雾晓开合，海风春复寒。
衰颜欢薄酒，老眼傲惊湍。
丛市人家近，平沙客路宽。
明朝晴更好，飞翠泼征鞍。

观此五言律诗，辞旨清丽，构意精巧，意气昂扬，反映出作者不凡的才情与文学造诣。叹赏之余，谁也难以想象，此诗的作者竟是一个明朝历史上令人谈之色变的"倭寇"。生活在杭州湾畔的海宁人采九德曾亲身经历过一场所谓"倭寇"劫掠，这一群"倭寇"不过四十余人，其中一位临走之时，诗兴大发，在影壁上题下了这篇诗文。采九德在所著《倭变事略》

中照录此诗后，感慨系之："观此四十余贼，亦有能题咏者，则倡乱者岂真倭党哉？"很显然，即使是日本国内的汉学方家恐怕也难以挥洒出如此高妙的诗文，况且这种日本高级文化人并不多见，因此，这篇诗文的作者定为中国饱读诗书又怀才不遇的文士。采九德的怀疑确为我们了解明代"倭寇"问题提供了极有价值的线索。有明一代，甚嚣尘上的"倭患"问题让朝野上下伤透了脑筋，而所谓"倭寇"是否为纯粹的日本国人，颇难一概而论。

古代中国与日本的交往可谓源远流长，随着地理知识的丰富与航海技术的提高，彼此间的往来开始变得愈来愈便捷。秦汉时期，日本诸国前往中国一般循朝鲜半岛北上，路途相当遥远，"渡三海，历七国，凡一万二千里"。但从六朝以后，日本人到中国多从南道浮海而来。如北宋雍熙年间，一位日本僧人由海路到中国后，曾上表陈述其旅途："望落日而西行，十万里之波涛难尽；顾信风而东别，数千重之山岳易过。"信风的帮助可以使漫长的航路变得轻而易举。同时，从中国到日本，也相当便捷，他当时是从浙江台州离开的，"季夏解台州之缆，孟秋达本国之郊"。而日本群岛呈南北纵向分布，南部诸岛屿与中国闽、浙沿海地区的交通显然更是快捷。

日本至中国南路航线的开通，在中日交流史上具有极为重要的意义。首先，它为两国民间交往与海上贸易的发展提供了现实的可能性，当然，这种民间的交往受到相当严重的制约。应当指出的是，海上航路的便利也给中央王朝的海防建设带来了新的考验。长期以来，日本群岛处于分裂割据状态，南部诸岛的武士与商人开始进入中国沿海，进行走私及烧杀抢掠等海盗活动。日本在中国古代文献记载中称为“倭国”，因而中国朝野便将入侵骚扰沿海的日本海盗称为“倭寇”。中国海岸线漫长，沿海抗拒官府的绿林人士也大多以海上诸岛为根据地，内外势力极易联手，共同向中央王朝的边区发动剽掠。这种严重的态势在明朝初年就已显露无遗。

元朝末年，江苏泰州人张士诚、浙江台州人方国珍分别在当地起兵反元。张士诚占领高邮等地后，控制了作为元朝南北交通枢纽的大运河。同时，方国珍起义军夺取了元朝运粮船只，以浙江沿海为根据地，阻断了元朝漕粮北运的海路。这两支义军中有不少是熟悉水路、精于海战的渔家子弟。元朝政府为恢复东南漕运与海运之路，用高官厚禄诱降张士诚与方国珍，但他们往往屡降屡叛，依旧各自占据着自己原有的地盘。如张士诚全盛之时的辖地“南抵绍兴，北越徐州，达于济宁之金沟，西距汝、颍、濠、泗，东薄海，二千余里”。东南沿海重镇如宁波、绍兴、杭州、苏州等地，均在张士诚的势力范围内。方国珍的地盘，则主要限于浙江庆元、台州、温州三路。后来，在朱元璋军队的进攻下，张、方两个割据政权先后败亡，但其残部大多逃亡海上，成为出没无常的海盗。更为严重的是，这些“负固海岛”、行劫江湖的中国海盗与日本倭寇勾结起来，并为之向导，联合向明朝沿海地区频频进犯，造成了十分严重的“海患”。他们所到之处，焚烧民舍，掳掠财物，北起辽东半岛、山东，南到福建、浙江、广东，“滨海之区，无岁不被其害”。

明朝初年“倭患”的出现还有一些客观背景。14 世纪初，日本进入了南北朝对峙时期，大大小小的诸侯各据一方，为争夺土地与人口互相攻伐，战乱迭起。在争战中失利的封建主及其武士们组织起来，到中国沿海进行武装走私，一有时机便大肆杀掠。元末明初中国改朝换代的混乱更给了他们可乘之机，因此，在从辽东半岛到广东、海南数千里的海岸线上，“岛寇倭夷，在在出没”。可见，当时“海患”的性质较为单纯，主要有两股势力涉及其中，一是败亡海上与官府对抗的绿林人士，即“岛寇”；一是日本方面的武装走私者。

为解决这种海盗性质的“倭患”问题，朱元璋采取了多方面的措施。他在以重兵武力镇压的同时，派遣使者照会日本国王敦促其制止这种侵扰行径。但日本执政者答辞简慢，毫无诚意，这使朱元璋十分不满。不过，鉴于元朝进攻日本严重受挫的历史教训，明太祖采取了克制与忍让的态度，力求从本朝内部解决问题。为断绝中外海盗的耳目与内应，他下令禁止滨海居民私自出海，并采取釜底抽薪的方式，大量招纳原张士诚、方国珍部下军士及濒海的船户、岛人、渔丁为兵，自淮、浙至闽、广，共计十余万人。这可以说是明朝实行海禁政策之始。这种政策虽然断绝了无数渔民的生活来源，但由于大量渔民被籍入伍，事实上由国家供养起来，从而在一定程度上缓和了由海禁造成的严重矛盾。

洪武十三年（1380 年），左丞相胡惟庸谋反事发，据供称，日本幕府与之有勾结。日本贡使伏兵于贡船，并将火药兵器藏于入贡的巨烛之中，等进宫朝见时，内外一齐动手。事情败露后，朱元璋无比气愤，立马断绝了与日本官方的关系，开始着手在沿海建设大规模的防务工事。洪武十七年（1384 年），汤和等筑山东、江南、江北，浙东、浙西海上 59 城，以备倭为名，设置行都司。二十年（1387 年），周德兴往福建福、兴、漳、泉四郡，筑海上 16 城，籍民为兵，以防倭寇。这种海防建设称得上是朱元璋的创举，对于保障中央王朝海疆的安全是必不可少的。明朝政府还增置沿海卫所，添造多橹快船。据不完全统计，当时从辽东至广东沿海共有五十多卫，拥有士兵二十余万，而且防御设施相当完备。如每卫有 5 个千户所，备有战船 50 艘，每船旗军 50 名。也正是由于拥有了强大的海防力量，才使洪武一朝的“海患”得到有效遏制，未酿成大患。

永乐初年，明成祖朱棣命太监郑和等率舟师下西洋。郑和下西洋是中国航海史上划时代的大事，为促进东西方经济文化的交流做出了重要贡献。为了显示“天朝大国”的“物产丰饶”与“慷慨大度”，郑和携带大量中国珍奇特产，遍行赏赐。海上诸国对中国的珍宝财物极为艳羡，因而千方百计向明朝官府靠拢。日本国首先遣使致意，表示愿意“归附”，并提出“入贡”的要求。当然，这种“归附”与“入贡”只不过是一种外交关系，并不意味着中国与日本两国间有某种归属关系。在中国封建时代，外国人到中国的所谓“入贡”，其实是一种不平等的经济交换关系，即“贡”少“赏”多。以“天朝大国”自居的中国君主往往随心所欲，大行“赏赐”，这自然会吸引更多的外邦人士前来。出于前车之鉴，明成祖朱棣自然对日本怀有戒心，规定日本 10 年“入贡”一次，并限制每次人员 200 名，“贡船”二艘。醉心于中国财物的日本国人自然不满于“十年一贡”的强行限制，他们结伙而来，进入明朝境内，遇到官兵诘问，就以“入贡使者”应对。每当碰到这种“贡不如期”的情况，各级官员往往“俯顺夷情”，以“下不为例”不了了之。但这些“入贡使者”每每趁明朝守军不备之时，大肆杀掠居民，满载而归。

除这些伪装的“入贡使者”之外，为数众多的日本海盗直接使用武力对明朝沿海地区进行杀掠，为此，明朝政府进行了积极的抵御，给肆虐的倭寇以沉重的打击。当时最辉煌的战役即刘江指挥的辽东望海埚之战，生擒数百，斩首千余，使来犯的倭寇无一逃脱。这一胜利力挫侵略者的嚣张气焰，此后相当长的一段时间里，倭寇不敢再组织较大规模的武装入侵。可以说，到永乐年间，随着中日关系的密切，“倭患”问题也变得日趋复杂。

正统、弘治年间，沿海倭寇入侵屡禁不止。为此，明英宗特下诏沿海地区全力备倭，遣重兵防守要地，增筑城堡，严把关口，派兵分番驻屯海边咽喉之地。严阵以待的明朝海防大大减少了倭寇偷袭的机会，使附近居民得到较大的安全感。可以说，从明初到弘治时期，沿海“倭患”问题的性质较为单纯，中日两国的关系在表面上还维持着“朝贡”往来，即使在朱元璋与日本绝交之时，沿海 3 个市舶司并没有废止，也就是说中日仍然保持着相当密切的贸易关系。及至世宗嘉靖年间，中日贸易关系及“倭患”问题发生了重要的转变。

15 世纪末，日本诸岛又陷入诸侯割据的混乱之中，各大封建主都力争向中国的所谓“入贡”权，这就不可避免地产生了激烈的冲突。嘉靖二年（1523 年）五月，日本左京兆大夫内艺兴遣僧宗设，右京兆大夫高贡遣瑞佐及宋素卿先后至宁波。按规定，入贡须按先后顺序，由市舶司验货及招待。宗设早到一步，照例应先予接待。可是宋素卿是一位迁居日本的宁波人，熟悉明朝官场交接之道，他通过贿赂主管太监，让后者先行查验货物，而且款待规格远在宗设之上。宗设大为不满，凭借其人多势众，咆哮公堂，追杀瑞佐及其随从，并向明朝守军发起攻击。他们大肆掳掠宁波及周围地区，如入无人之境，备倭都指挥刘锦等人惨遭杀害。这一事件一时震动了朝野上下。

一小股入贡使竟然造成如此巨大的危害，这显然与明代中期海防力量废弛有着直接的联系。据记载，时至嘉靖年间，由朱元璋及朱棣等苦心经营的海防工事废坏已相当严重，战船、哨船“十不存一”，备倭卫所的士兵数量锐减，仅为原来的4/10，这使得明朝军队在气焰嚣张的倭寇面前束手无策。当时，内阁首辅夏言等人闭口不谈海防问题，而将这件倭人侵扰事件简单归咎于市舶司的存在，认为“倭患起于市舶”，建议罢置市舶司。明世宗以为言之有理，遂于当年罢省沿海市舶司。这一举措可以说是明朝海禁政策最极端的表现。事实证明，这种极端的海禁政策是导致明朝中叶沿海“倭患”日益严重的最主要原因。

从根本上讲，“倭患”问题反映了日本对中国物产的贸易需求。明代社会商品经济迅速发展，日本方面对中国许多商品需求量很大。胡宗宪《筹海图编》中专有《倭好》一节，记载了日本人喜欢的中国物产。如衣料类：丝、丝棉、布、锦绣、红线；日用器物类：针、铁锅、瓷器、漆器、女人脂粉；书籍类：佛经、医书及四书五经，除此之外，日本方面还特别需要中国药材。同时，中国士民对日本商品也有浓厚的兴趣。如日本所产倭刀以其锋利精巧备受称道，成为官绅士民争相求购的珍品。另外，倭扇、描金饰物等，也颇受明朝百姓的欢迎。

起初，朱元璋虽与日本官府绝交，但仍保持着官方贸易，市舶司就是明朝政府专管海外贸易的正式机构。市舶司原设于江苏太仓黄家渡，后以地近南京，改设于福建泉州、浙江宁波、广东广州三地。市舶司在禁止海上走私、抑止奸商牟取暴利方面起到了重要作用，而且使明官府调节有无，增加收入，节省海防建设的开支，达到了“利权在上”的目的，控制了对外贸易的主动权。

日本使者到中国“进贡”之时，除正常的官方贸易外，还可以进行私人交易。明朝政府规定：日本官方贡物由朝廷收管，而使者自行携带的物品则可以自由处理，官方可以出价收购，日本人对官方收购不满意者，可自行上市交易，因而从一定程度上来讲，日本入贡使者实际上是一个特殊形式的贸易团体，也正因为有利可图，才会发生争相“入贡”的骚乱。

明朝官府本应正视与鼓励这种双方均获益的贸易关系，与此同时，还应该积极加强海防，以保证万里海疆的安全。然而，首辅夏言等人敷衍塞责，将“倭患”起因完全归咎于负责对外贸易的市舶司，轻率地予以关闭。这种简单而愚蠢的做法不但不能遏制中日之间的贸易联系，反而使问题复杂化。从此，公开的交易转为暗中的走私，断绝了官方的大批收入，使奸商从中牟取暴利。并由这种私下交易引起的争端，酿成更为严重的“倭患”。

在与日本人长期交往的过程中，沿海地区的富商大贾也认识到对外贸易的丰厚利润，“输中华之产，驰异域之邦，易方物，利可十倍”。不少沿海豪民建造巨型船舶，进行大规模的走私贸易，“法不能止”。同时，明代中叶，政治腐败，贿赂公行，土地兼并严重，不少生活困苦的贫民迫于生计，纷纷入海求生，一些宦途失意的士绅及穷困潦倒的秀才也混迹其中。时间一长，几种势力联合起来就形成了较为庞大的武装走私集团。这种走私集团必须以沿海的富商大姓为依托，帮助他们囤积及销售货物。市舶司存在之时，民间的私市已相当盛行，走私货物得以较顺利地运销，彼此均有利可图，与“入贡”的日本人各行其道，这种武装走私集团并没有对沿海地区的安全构成多大的威胁。市舶司被严令全部罢撤后，中日贸易渠道严重受阻，这成为明中叶“倭患”的导火线。首先是携来货物的日本国人，他们只好将所带货物赊卖给当地的商人。但明朝本有禁止私人与番人交易的律令，市舶司撤销后，这种禁令更加严格。商人在无法迅速销售的情况下，只得拖欠货款不偿，“多者万金，少不下数千”，在日人催逼之时，只好避债而逃。日人在无可奈何之余，只得求助于当地的官绅之家，而官绅之家拖欠货款更甚于商家，日人为索钱款，久困于海岛之上，饥馑难耐，便登陆进行劫掠。

与日人境遇相仿，中国原来的民间走私集团也陷入了困境。《明实录》有一段记载，典型地说明了这一问题。据载，嘉靖二十八年（1549 年），当时沿海走私集团最著名的头目为王直与徐海等，他们货物交易的中转站为余姚谢氏。明朝罢除市舶司后，谢氏借口“倭货”难于出手，随意贬抑货值，并拖欠了不少钱款。日积月累，王直、徐海等人逼索不已，谢氏又无力偿还，万般无奈之余，便恫吓道：“如再相逼，我将向官府告发。”王直等人自然不甘心财货两空，便伺机报复。他们纠合同伙，包括与其熟识的日人，趁深夜冲入谢宅，纵火焚烧，杀死男女数人，将其家私劫掠一空而去。地方官员闻讯后，为推诿罪责，向上司宣称倭贼入寇。王直、徐海等人也利用明朝官员及士民对倭寇的畏惧心理，所至之处，动辄以“倭寇”为旗号，其实内部真正的日本人寥寥无几。显然，这些“中国倭寇”的出现，使明代的“倭患”问题变得更加尖锐复杂，这同样也是明朝全面海禁带来的恶果。

上述几股势力联合起来，形成了声势惊人的“倭寇”集团。一时间，浙江、福建沿海地区遭受到前所未有的破坏，尤其是富商、权官与之里应外合，使原来从事走私贸易之人变成明火执仗的强盗。横遭攻掠的城邑不计其数，被掠公私财物更是难以估量。浙东、福建沿海严重的“倭患”惊动了明朝最高执政者，朱纨受命任浙江巡抚，兼摄福、兴、漳、泉诸州府军事。朱纨虽然是一位任劳任怨、恪尽职守的正直官员，但他对当时“倭患”起因的认识却很不全面。他片面地认为，沿海巨商权官的帮助与接应，是“倭寇”四处横行的症结所在，因而下令禁海，不仅严禁渔民下海，就是海边带有双桅之船也全部焚毁，违者处斩。他宣称：“去外盗易，去中国盗难。去中国群盗易，去中国衣冠盗难。”为此，朱纨采取了果断的措施，将抓获的通番奸细数十人斩首示众，同时上报了有通倭嫌疑的数位权官的姓名，请示上司予以惩戒。

朱纨的举措在沿海地区引起了极大的震动，也为自己招来了灾祸。当时，在有名的通商口岸如浙江宁波、定海，福建漳州等，为谋取厚利，权官之家大都参与走私贸易，因而均可称为“通番”的巢穴。他们对朱纨的揭露与严厉措施恨之入骨，自然不会束手待毙。这些人通过种种关系，令朝中人士弹劾朱纨等人擅权专杀。世宗偏听偏信，很快罢免了朱纨的官职，并派人进行审查。没想到，审查的结果竟与朝官的弹劾如出一辙，朱纨愤而自杀。“倭患”的出现使明朝官府内部相互倾轧的丑恶暴露无遗。

朱纨死后，浙江巡按御史董威等人请求放宽海禁，得到朝廷的批准，但这种措施并没有达到有效遏制“倭患”的目的，因为走私集团通过武力较量，看到了嘉靖朝野畏惧“倭寇”的心理，尝到了四处杀掠的甜头，进而演变成了专门从事掳掠的职业海盗。明朝海防工事年久失修，兵士缺乏训练，毫无斗志，遇敌则溃，这种情形更使“倭寇”得意忘形，无所顾忌。明朝虽派出重臣前往戡乱，但只是处于被动守御的状态，无力主动出击，而“倭寇”之船却联翩海上，四处流动作战，故而能避实就虚，出奇制胜，使官军防不胜防，疲于应付。明军四处追剿，结果导致“倭患”的四处蔓延。工部侍郎赵文华在倭寇猖獗的情况下，甚至荒谬地提出祷祀东海之神，以镇抑海患。这种自欺欺人的做法只能加重沿海官民的困扰，丝毫无助于问题的解决。于是，横行的倭寇又在杭州城外上演了“流血成川”的惨剧。

赋闲在家的杭州籍官员张濂在痛定之余，上言时事。他说：“下臣本是杭州人氏，在家闲居五年，颇知海寇始末。开始因为海禁特严，导致倭寇猖獗。而总督、巡抚等地方官因循苟且，玩忽职守，养虎贻患。”为此，他提出了三项对策：“一曰重军法之严以振积弱之气；二曰招民兵以收必胜之功；三曰复海市以散从贼之党。”张濂就第三项对策做了进一步的解释：“夫海市乃传统旧制，原非本朝创设，如果濒海之军卫坚固依旧，市舶司也无害民之处。只因武备日弛，难以应变，而海禁渐严，倭人乏食，这才是海寇猖獗的真正原因。如果军民训练有素，严阵以待，倭寇掳掠则有性命之忧，必转而从事货物交易。然后渐开海市，不仅可使倭党自行溃散，也可使濒海之贫民假此为生，不萌参与寇盗之意。”

张濂所言道出了明代中叶“倭患”猖獗的原因所在，提出的应对措施如在大力加强海防建设的同时，恢复海市以疏散从寇的平民等，也具有极其重要的参考价值。可惜，他的上书并没有引起当局的重视，单纯的武力镇压仍旧在进行，而由此引发了更为严重而复杂的混乱，其危害甚至超过了“倭患”本身。如赵文华奉命祷祀海神，并督察沿海军务。他到浙江后，与总督张经发生摩擦，于是暗中连疏弹劾。张经虽取得王江泾大捷，但仍被逮至京师，下诏狱处死。胡宗宪继任总督后，采取剿抚并举的策略，曾派人前往倭砦谈判。结果，“倭寇”方面提出“重开贡市”的要求，胡宗宪据实向朝廷反映，因遭到一些朝臣的反对而未果。

胡宗宪虽先后诱杀“倭寇”头目徐海、王直，但引起了其同党的疯狂报复。同时，明朝政府征调全国各省之兵参与平乱，江、浙、闽、广各省加派粮饷，当地士民苦不堪言。外省之兵往往临阵畏避，却勇劫民财。沿海居民怨声载道，不堪敲剥凌虐的百姓纷纷投入“倭寇”的行列。据载：“自后，闽、浙、江、粤之人，皆从倭奴（即日本国人），然大抵多华人，倭奴仅十一二。”而这些从倭的华人一般被称为“奸民”。福州长乐人谢杰在其所著《虔台倭纂》中对这种“奸民”的活动作过细致的描述，他说：倭寇对于闾阎人家的贫富和衙门府库的虚实，无所不知，无所不晓，必有内线为之耳目。倭寇进犯之时，“千人四布，无一人知，鸣号而起，须臾毕集”，声东击西，处处得手，定有窝藏指示之人，这些人无疑就是“我之奸民”。另据明人万表《海寇议》记载，当时“倭寇”甚至受到一些平民百姓的热烈欢迎和支持。如“杭州城歇客的店家，明知是海贼，但贪图其厚利，任其堆货，且为打点护送。铜钱用以铸火铳，用铅制子弹，用硝造火药，用铁制刀枪。……大船护送，关津不查不问，明送资贼”。“近地人民或送鲜货，或馈酒米，或献子女，络绎不绝；边卫之官，有献红被玉带者，……（与）五峰（即王直）素有交情，相逢则拜伏叩头，甘心为其臣仆，为其送货，一呼即往，自以为荣，矜上挟下，顺逆不分，良恶莫辨。”

这些沿海居民对所谓“海贼”的支持与欢迎，在于交结“海贼”可获厚利。由此可见，这些所谓“倭寇”在与明朝官军武力对抗之时，依然从事着贸易活动，并非一味烧杀抢掠。只是在明朝严格的海禁政策下，这种贸易属于非法的范畴，原来的商人便转化为官军围剿的“海盗”或“倭寇”，显然，这种“商”与“盗”之间的转化，其关键就在于明朝政府是否实行海禁。当时有识之士明确指出：“寇与商同是人，市通则寇转化为商，市禁则商转化为盗。”这些所谓的“海盗”打出“倭寇”的旗号，正是为了与明朝官府进行对抗，以保护自己的贸易活动，即“商人转化为强盗，只有成为强盗才能继续经商”。

明朝历代皇帝对海禁的态度虽不尽相同，但从其执法的主要依据——《大明律》的条文来看，大明王朝全面实行海禁的立场是非常明确的。《大明律》明确规定："凡将牛、马、军需、铁货、铜钱、缎匹、绸绢、丝棉出外境货卖及下海者杖一百"，"若将人口、军器出境及下海者绞。"另外，《大明律》禁止私人制造具有二桅以上的大船，而没有这种船只，是不可能出海的，私自携带违禁物下海，及与外番交易者一律处斩，并枭首示众。甚至帮助与交结这种违禁海商的平民也要充军发配。也就是说，根据《大明律》的规定，沿海居民下海也是违法的，更不用说与外番交易了。而那些私自下海与倭人交易者是冒着极大的风险的，他们都是明朝官军可以逮捕法办的重罪犯。为了继续自己的贸易活动，他们只有铤而走险，武力抵抗。

然而客观贸易需求是无法遏制的，丰厚的交易利润充满了无限的诱惑，严峻的海禁更使中外贸易有利可图。当时之人形象地描述道："片板不许入海，艨艟巨舰反蔽江而来；寸货不许入番，子女玉帛恒满载而去。"如嘉靖间曾任福建巡抚的谭纶指出："海上之国，方圆千里以上者多至不知其数。无中国绫锦丝棉之物则不可以为国。海禁愈严，中国货物价值愈厚，而奔趋贸易者愈众。私通不行，则併以攘夺。"可见，这些海盗抢掠之物也并非仅为自己享用，而是有着明确的商业目的，这恐怕是与一般强盗有大不相同之处。据郑晓所著《吾学编》的记载，当时所谓"倭寇"成分相当复杂："凶徒、逸囚、罢吏、黠僧，及衣冠失职、书生不得志、群不逞者"等等，其中不乏落魄的文士书生，因而能即兴留下采九德看到的那样的精彩诗篇，由此可见，明代所谓"倭寇"大都为中国沿海的武装走私集团，真正的日本人只占其中的很小一部分。

我们发现，沿海“倭患”在明朝官府的镇压下，在很长的一段时间里，非但没有偃旗息鼓，销声匿迹，反而风起云涌，一浪高过一浪。据谢杰所云：“向之互市，今则向导；向之交通，今则勾引，于是海滨人人皆贼，有诛之不可胜诛者，是则闽、浙及广之所同也。”也就是说，原来从事贸易的平民，今天成为海盗的向导；原来与海商往来的百姓，今天成为接应的奸细，在全面海禁的情况下，沿海居民似乎都变为强盗了，福建、浙江、广东等地都普遍存在着这样的情况。明人王世贞还毫不夸张地讲道：“自节帅而有司，一身之外皆寇也。”这种“全民皆寇”现象的出现，自然不能归咎于沿海居民，我们还可以从以下两方面看出问题的症结所在。

俗话说：“靠山吃山，靠海吃海。”这反映了相当精辟的经济思想，区域经济的发展特点要与当地自然条件相吻合。明朝时就有这样一种说法：“海者，闽人之田”，即福建沿海居民将大海视为衣食之源。这其实带有相当大的代表性，“滨海一带，田尽斥卤，耕者无以望岁，只有视渊若陵，久成习惯。”沿海地区的土壤土质不适合农业生产，百姓只有向海洋进军，靠海洋图生存。海洋不仅有通往四方的航路，更拥有各种资源。明朝官府的海禁政策完全不顾沿海人民的死活，断绝了当地居民的生路，无怪乎人们纷纷向“倭寇”靠拢。如谭纶所指出的那样：“闽人滨海而居，非往来海中则不得食。自通番禁严，而附近海洋渔贩，一切不通，故民贫而盗愈起。”同样，沉重的赋役负担与贪暴的官吏压迫也是使沿海居民“从倭”的推动力。有识之士指出：“海滨之民，疲弊甚矣！官司之所困，征役之所穷，富豪之所侵，债负之所折，怨入骨髓。”种种因素都把大批平民推到了“下海”的这条路上。

另一方面，东南沿海地区又是当时中国商品经济最为发达的区域之一，商品经济的发展不仅提供了大量可供交易的商品，也极大地培养了当地人民的商品意识。王直、徐海等著名的“倭寇”头目都是商人出身，他们都是看到海上贸易有利可图，才转而从事违禁交易的，从这一点上讲，明代“倭寇”属于较典型的商人型强盗。

明朝中期的沿海“倭寇”在戚继光、俞大猷等名将的围追堵截下，逐渐平息下来。与此同时，在一些官员的倡议下，明朝不得不放宽海禁，这种明智的措施使长期军事行动难以压制的局面迅速稳定下来，这甚至使一些官员也感到吃惊，从而更明确地认识到“市通则寇转化为商”的道理。海防力量的增强以及海禁的放宽，是从根本上解决“倭患”问题的两个必要条件，两者不应相互抵触，而是相辅相成的关系。国家强大的海防力量是保证自身安全及发展对外贸易的保障，而畅通的对外贸易又会成为国家经济发展的重要驱动力。遗憾的是，封建王朝的统治者往往出于狭隘的皇权意识，并没有清醒地认识到这一点。

中国古代社会同样存在着大力发展海外贸易以及开发丰富海洋资源的现实需要与可能性，而官僚统治集团不仅不给予积极支持，反而拼命镇压，视之为洪水猛兽。造成这种局面的因素是相当复杂的，封建统治者往往将自己地位的巩固看作是最重要之事，而不会设身处地地为普通百姓的生存着想，他们只要求天下士民百依百顺地接受管制，而绝不会着眼于区域经济的发展与人民生活的改善，因而，在很大程度上，封建专制制度是阻碍中国古代海外贸易发展以及海洋资源开发的最主要的绊脚石。

长期以来，中央王朝的统治者习惯地认为中国为天下四海之中心，周围“四夷”不过是不堪人居的蛮荒之地，根本不存在平等贸易的基础。中国作为“天朝大国”，无奇不有，无所不包，也就不存在开展中外贸易的必要。无所不有的“天朝”根本不需要与外国通商贸易，只是为了让外国人有日用必需品，才特开“皇恩”。这种妄自尊大其实就是一种对世界时势毫无所知的愚昧，而正是这种自上而下的闭塞与愚昧，将中国隔绝于世界市场之外，从而丧失了发展机遇。直到携带洋枪洋炮的西方近代殖民者毫不客气地砸开中国的大门，衰弱落伍的“老大帝国”只好接受任人宰割的命运。中国近代史的惨痛与屈辱，恐怕远非明代“倭患”所能比拟，而两者之间的内在联系却是无法忽视的。

帝国暮色中最后的一抹辉煌
张居正改革

评价一位封建时代的政治家，是一项艰苦的工作。作为政治家，工于权术的张居正取得了巨大的成功，暮年的大明王朝出现了“回光返照”的局面。作为一个官僚，张居正为自己特制了33人才能抬起的豪华坐轿……

万历初年某日，明神宗诵读《论语》。他误将“色勃如也”的“勃”字读作“背”，在一旁授课的张居正便厉声训斥道：“应当读‘勃’！”神宗吓了一跳，周围的人也都大惊失色……

明神宗即位之初，还是个10岁幼龄的童子，日常生活起居均由太监冯保负责料理。年幼的皇帝偶尔不受约束，冯保就告诉慈圣太后。慈圣太后于严加管束之余，常常吓唬小皇帝说：“倘若让张先生知道了，该如何是好？”“张先生”也就是张居正，小皇帝对之敬若神明，毕恭毕敬地尊称他为“太师张太岳先生”。

这位被称作“太岳相公（先生）”的张居正，字叔大，湖广江陵人，是明代杰出的政治家。

张居正少年得志，12 岁进学成了秀才，16 岁中举，23 岁就以二甲进士及第的身份，被选为翰林院庶吉士，从此便步入宦途。在数十年的宦海生涯中，张居正一向注意观察和思考社会现实中的诸多难题，悉心探究历代盛衰兴亡的经验教训。他曾于隆庆二年（1568 年），向明穆宗上了一封《陈六事疏》，试图厘革嘉靖以来的种种弊端。张居正提出的改革主张主要有——省议论（杜绝空言，实事求是）、振纲纪（整肃风纪，严明法律）、重诏令（令行禁止，提高效率）、核名实（严格考课，选拔人才）、固邦本（轻徭薄赋，安抚民众）和饬武备（激发士气，演练精兵）等。虽然在当时的情势下，这些主张一时还未能付诸实施，但从中大略可看出张居正改革的最初蓝本。

隆庆六年（1572 年），明穆宗朱载垕去世，太子朱翊钧即位，改元“万历”，此即明神宗。稍后，作为阁臣的张居正与宦官冯保联手，逐走了当时的内阁首辅高拱，并在穆宗陈皇后和神宗生母李贵妃的支持下，出任内阁首辅。其时，明神宗视张居正为“擎天一柱”，对之极为畏惮，一向言听计从。在朝的文武大臣，对于张居正更是不敢骈肩称雄。故此，万历前期的 10 年间，张居正独擅威柄，成为明朝最有权势的一位内阁首辅。凭借着自身的权威和宫廷的支持，他雷厉风行地对当朝的政治、经济和军事等各个方面进行了一些重大的改革，此即历史上著名的张居正改革。它使得暮气沉沉的大明王朝，出现了回光返照的最后一抹辉煌，史称“盛明”。

自万历初年开始的张居正改革，首先是从整饬吏治开始的。此前，张居正目睹嘉、隆时期的吏治腐败，对于官场上因循敷衍的风气早已是深恶痛绝。他曾引用一句俗谚——“姑口顽而妇耳顽”，形容官场上的泄沓之风。在他看来，官场中的上下级关系犹如婆媳关系，做婆婆的尽管终日在嘴上唠唠叨叨，但媳妇却是充耳不闻我行我素。这种关系，使得整个“家政”显得一团糟糕。朱东润先生在《张居正大传》中，曾以其生花妙笔勾勒出张居正时代明朝政府的工作效率：

> 十六世纪的中国民族血液里，已经渗入因循底（的）成分，“置邮而传之四方”，成为一切政令的归宿。法令、章程，一切的一切，只是纸笔底（的）浪费。几个脑满肠肥的人督率着一群面黄肌瘦的人，成日办公，其实只是办纸！纸从北京南纸店里出来，送进衙门，办过以后，再出衙门，经过长短不等的公文旅行以后，另进一个衙门归档，便从此匿迹销声，不见天日。

为了调整积习生弊、颓废不振的上下级关系，万历元年（1573 年）六月，张居正推行“考成法”，其主要内容是加强内阁的行政和监察责任，提高吏、户、礼、兵、刑、工六科的监察职能。六科是对吏、户、礼、兵、刑、工六部百司相应而设的监察机构，张居正以六科督促六部，以六部督促诸司以及地方抚、按，最后再由内阁直接控制六科，掌握对各级官吏的监察大权。考成法还对六部、都察院等具体行政衙门实施随事考核、事事责成的稽查制度，办事严立期限，不许积压拖拉，通过严格的考勤、考绩，甄别官员的勤惰、贤愚，以作进退、黜免的依据。他还让中央各部衙门将拟办的公事登记造册，分别制定一式三份的收发文簿用以留底、备注和送交内阁查考，严立期限完成，按月检查，每年总结。凡有拖延、积压，均予以严肃处理，以提高政府的行政效率。这一严密而又完整的考成系统，将宦官统率六科、稽查章奏权移交内阁，从而在一定程度上减少了宦官干政的可能，极大地提高了内阁的权威，使权力集中于首辅，从而加强了号令天下的中央集权。考成法提高了办事效率，减少了各部门的相互推诿、扯皮，为精简机构、节省政府开支提供了可能。稍后，张居正便下令裁减部院诸司冗官和各省司、府、州、县官，淘汰冗吏庸官，以提高官吏的素质和行政效率。这些为此后张居正推行的各项改革奠定了基础。通过整顿吏治和精简机构，张居正获得了一个效率较高、得心应手的行政班子，为推动经济改革做了组织上的准备。

在整顿吏治的同时，理财是张居正改革的又一个重点。张居正执政之初，就面临着相当严峻的经济形势。隆庆五年（1571年），全国税收总计为250万两，而支出竟达400多万两，整个国家陷入了财源枯竭、入不敷出的竭蹶困境。为了挽救财政危机，张居正从开源和节流两个方面着手，对帝国财政大加整顿。在节流方面，他起用水利专家潘季驯治理黄河。后者采用堵塞决口、加固堤防的办法，束水攻沙以使河道畅通，基本上缓解了困扰多年的水患，从而节省了巨额的河政开支。张居正还通过整顿驿递制度，缩减政府每年的大量支出。原来，有明一代在交通干线上都设有驿站，照例对来往官员供应车马食宿。在明初，政府对驿站的管理相对较严，文武百官非军国大事不得使用。此后，使用驿站的条例日渐废弛，几乎所有官吏及其亲属都可以随便使用，这自然增加了政府的开支。

有鉴于此，张居正竭力革除驿传之弊，规定官员非奉公差不许轻扰驿递，违者参究，内外各官丁忧、起复、升转、改调、到任等项，均不得动用驿传，以厘革驿递冗费之弊。为了增加国家的收入，张居正还改革税制，清丈土地。当时，社会上流传的一首民谣说："富家得田贫纳租，年年旧租结新债。"反映了土地兼并和赋役负担的严重不均。此种状况的后果，必然使政府实际征收的赋税日益减少。针对这种情况，张居正下令重新丈量全国的土地，清查漏税的田产，并责成官吏追缴欠税。为了获得经验，他于万历初年先在福建作试点，接着又将在福建获得的丈量经验加以推广，在全国范围内全面展开对各类田产的清丈。他任用张学颜制订《会计录》和《清丈条例》，颁行天下，限令3年之内各地要把清理溢额、脱漏和诡奇等项工作办妥。果然，经过3年的土地丈量，查出了大批隐漏的征粮地。据统计，到万历八年（1580年），全国查实征粮田地达7013976顷，比弘治时期增加了近300万顷，朝廷的赋税收入也因此而剧增。在此基础上，张居正实行了赋役改革。万历九年（1581年），张居正通令全国实行一条鞭法——将力役合并田赋征收，一律交纳银两；以州县为单位计算赋役数目，赋役银由各地方官直接征收，以减少种种弊病。另外，张居正还将推行考成法与征收赋税结合起来，规定各级官员追缴欠税不到90%者，要分别给予处分。这种以行政措施督缴赋税的做法，不仅促使地方官僚如数完成了当年的税粮，而且还清查出许多豪户地主的陈年积欠和规避的钱粮，使得国家的税粮显著增加。

从张居正改革的具体措施来看，有不少具有划时代的意义。一条鞭法的改革，简化了赋役的项目和征收上的手续，极大地限制了地方胥吏从中营私舞弊。一条鞭法的推行，出现了摊丁入亩和赋役货币化的趋向，体现了当时社会经济发展的要求。“量地计丁”“计亩征银”，使得豪强地主要隐产瞒丁、规避赋役就比较困难，而一般农民“产去税存”的不合理现象也有所减轻，从而在一定程度上缓解了当时的社会矛盾。赋役折银的办法，有利于雇役制度的发展。在这种政策下，农民只要交纳一定的银两后即可免去劳役，并能比较容易地离开土地，进一步从事各种行业的生产活动，这使得先前的封建人身依附关系有所削弱。而从土地上游离出来的农民，则为城市手工业的发展提供了相当数量的劳动力，有利于劳动力市场的形成。一般佣工自给的工商业者和囊丰箧盈的富商，又因无田而得以免役，从而刺激了工商业的繁荣，推动了商品经济的进一步发展。另外，赋役征银对传统社会末期货币地租形态的发展也起着倡导作用，促进了部分农作物的商品化。因为纳税户为了交纳赋税，便不得不将大量农产品、手工业品投放市场，以换取货币，其结果必然促使白银流通较之先前更为普遍、广泛，从而促进了赋役的货币化和农产品商品化的发展，也有利于资本主义生产关系萌芽的发展。当然，我们也应当看到，一条鞭法将以往繁杂的赋役名目删繁就简合为一则，实际上是把万历以前的各种合法与不合法的加征杂派都变成了正税，这种做法虽然均平了赋税，简化了手续，但杂派变成了正派，实际上又为以后的加派制造了机会。从后来的史实来看，一条鞭法施行十余年，弊病丛生，徭役复出，丁银仍重。故而农民的实际负担不但没有减轻，反而加重了。另外，一条鞭法虽然避免了贪官污吏从中巧立名目，敲诈勒索，有利于刺激农民发展农业生产的积极性，但由于中国地域辽阔，各地的区域社会结构纷繁复杂，在推行的效果上难免也会有所不同。譬如，江南地区白银的流通通常比较普遍，一条鞭法所规定的折征银两的办法较能体现出其积极作用；相反，在一些白银流通不那么普遍的偏远山区，农民手头短少银两，为了纳税，不得不将农作物贱价出售以换取银两，难免会遭受更为严重的居中剥削，从而加重了农民的经济负担。

在军事方面，张居正积极推行“外示羁縻，内修战备”的方针，竭力整顿边疆防务，在选任边将上知人善任，厘清了先前国防空虚、武备废弛的种种弊端。在蓟州一带，他任用名将戚继光镇守，在边境沿线整饬军备，修筑边防要塞，开垦屯田，储积钱谷，以期兵精粮足，战守有备。在辽东，张居正倚重李成梁，后者善于指挥御敌，深孚众望。在他镇守辽东期间，曾多次平息当地的民族动乱，维护了东北边境的安宁。张居正还重用王崇古，支持后者对蒙古俺答部的安抚。在大同、宣府附近设立互市贸易，使得蒙汉两族人民得以和睦相处。张居正在军事方面的改革，极大地调整了与北方蒙古族的关系，取得了显著的成效。对此，他在《九塞称臣》一诗中踌躇满志地写道：

幕南秋色静王庭，
月满边关夜不扃。
北地胡儿能汉语，
西陲宛马尽龙形。
屯田督护休乘障，

破虏将军早勒铭。
干羽两阶文德洽，
九重端拱万方宁。

“月满边关夜不扃……九重端拱万方宁。”并非张居正的夸饰。《明史》亦记载，当时北部长城一带的千里边防线上，军民安居乐业，从而节省了庞大的军费开支。张居正还在东南沿海地区分段设寨，修整兵船，严申海禁。在他当政的万历初年，基本上肃清了多年以来一直困扰明廷的“南倭北虏”的边患。

张居正改革历时10年，它是自明代中叶以来在社会危机日益严重的情况下自上而下的一次变革运动。在当政期间，张居正重点谋求上层统治的稳定，注意调整朝廷内部的矛盾，对明王朝的政治、军事、经济等进行了多方面的改革，整顿了吏治，巩固了边防，国家财政收入也有明显的好转。据记载，万历初年太仓的积粟可支用10年，国库的储蓄多达四百余万，帑藏充盈，国力臻于极盛。从这些方面来看，张居正改革确实取得了重大的成就。后人称之为“绝世异才”“救时宰相”，的确并不过分。

张居正改革的巨大成就，表现出他本人较高的策略水平。首先，张居正善于运用经筵、日讲等方式向年幼的明神宗灌输自己的思想，取得了后者的信任。其次，为了实现最高权力中枢——宫廷与政府间的稳固合作，保证改革的顺利进行，张居正妥善地处理与宫廷实权人物李太后、宦官冯保等人的关系，争取到了他们的支持。再次，明太祖曾一再下令，后世子孙不得擅改洪武制度，此即后世官僚视作天条的“洪武祖制”。张居正正是巧妙地利用了人们的这种心理，为自己的改革活动涂脂抹粉。虽然他集权于内阁，实行一条鞭法等等，都是对“祖制”的明显改易，但他于执政之初，就打出了“法祖”的旗号，一再声称自己改革的目标是要恢复明初的“洪武祖制”，从而极大程度地减轻了改革的阻力。又次，在改革过程中，面对着重重阻力，张居正勇于任事，慨然以天下为己任，没有丝毫的退缩，始终以坚定的信念和毅力，坚决推行各项改革措施。他经常向友人表示：“爱憎毁誉等于浮名”，“哪怕陷阱在前，也不受阻拦；众矢攒身，也毫无畏惧。”为了改革事业，张居正任劳任怨，毫不惧怕他人的诽谤诬蔑，表现出杰出的政治家的风度与胆略。

然而，虽然张居正推行的改革增强了万历前期的国力，但却触犯了许多官绅的既得利益。譬如，清丈土地，实行一条鞭法，推行均平赋役，便开罪了朝野一大批的官僚地主；推行考成法之后，严格的考核使得官吏们如履薄冰，不得不埋头工作；破格用人，选拔了人才，却得罪了那些无德无才只凭资格升迁的人；裁减冗官，减轻了国家的财政负担，却砸了不少人的饭碗，从而引起相当一批人的不满；整顿驿站之后，官员不能私自使用公家的交通设备，而不得不自己掏腰包，自然使得他们怨声载道；严肃学规，实施严格的淘汰，打击了为害乡里的学霸，也招来了被淘汰者的怨尤……这些，都让张居正陷入了一种两难的境地。对此，他深知自己的改革将损害相当一部分官吏的既得利益，好比“绳墨不便于曲木，明镜见憎于丑妇”，将会招致不少人的反感，甚至成为改革的巨大阻力。

万历五年（1577年），张居正的父亲去世。在冯保和皇太后等人的支持下，由神宗皇帝做出裁决，以政务繁忙、不必离职守孝为由，下诏挽留张居正“夺情视事”。从当时的形势来看，夺情视事确实有利于改革。因为此时正值改革的关键时刻，整个国家百废待举，而内阁、六部和督抚之中，还找不出第二个人能够代替张居正，倘若张居正于此时回家守孝，就有可能中断擘划已久的政治改革。然而，夺情毕竟违背了“祖制”和“纲常”。因为根据传统礼教的惯例，丁忧者必须离职居丧守孝3年，否则便是违反伦常的虚伪矫情。故而“夺情”一事，让许多士大夫深感不满。他们纷纷指责张居正“恋栈”，要求朝廷罢黜张居正。虽然他们的反对不仅没有得逞，反而分别受到了惩处，但张居正的威望却因此在一些士大夫中间急剧下降。

稽考史实，在夺情之争中反对张居正的，并非完全是反对改革的奸佞小人，但张居正却认为这些人存心与自己作梗，因而采取了极不明智的手段，不遗余力地打击反对派。当时，在他的授意下，明神宗以“星变”为由，下诏考察群臣。因这一年适逢旧历“丁丑”，史称“丁丑京察”。此次京察共查处了51名官员，其中的绝大多数人都是反对夺情者。有人虽然素负才名，只因反对夺情，就被冠以“才力不及”之名而降级调外；相反，有人虽屡次遭受弹劾，却因赞成夺情而青云直上。显然，“丁丑京察”助长了任人唯亲的风气，从而在朝廷上形成了一股依附于张居正的亲信势力。由于掺杂着个人恩怨，处置不当，打击面过宽，无形中将一些原本并不反对改革的人推到了对立面。次年六月，户部员外郎王用汲上疏弹劾张居正，指出“丁丑京察”的结果必然会“驱使天下之士奔走于私门”。

张居正见疏大怒，将王用汲削职为民。

早在夺情之前，张居正的政治作风就已相当专断。他对同僚的态度向来是盛气凌人，以至于当时的阁臣张四维、申时行等人只能随声附和，从不敢有所异议。诚如著名学者黄仁宇所说：“张居正虽没有独裁者的权位，却有了独裁者的神通。”万历三年（1575年），南京户科给事中余懋学将矛头指向了张居正，他是针对朝政中流行着的对张居正、冯保之阿谀逢迎而发难的。当时，无论是边防上打了胜仗，还是完成了水利、桥梁等工程，论功行赏时，六部官员总是将张居正、冯保列于首位，赞颂他们运筹帷幄，为之请求封赏。余懋学认为，内阁、司礼监作为中枢机构自有贡献，应该给予实事求是的评价，但不能事无巨细全都归功于他们，盲目加以赞扬，从而助长了谀佞的风气。余懋学的主张不无道理，但张居正为了维护自己的权威，不仅拒不接纳，而且还严厉处罚了余氏，将之革职为民，永不叙用。余懋学的被贬，更加深了一些官员对张居正的反感。“夺情之争”以后，张居正变得越来越听不得逆耳之言，并由听不得逆耳之言发展到只愿听阿谀逢迎之辞，从而丧失了正常的判断能力，整天陶醉于奸佞小人的歌功颂德之中。例如，有人送给他一副对联这样写道：

上相太师一德辅三朝，功光日月。

状元榜眼二难登两第，学冠天下。

这副对联的上联吹捧张居正辅佐世宗、穆宗和神宗，而下联则是说张居正的两个儿子分别考中状元和榜眼。对于这样肉麻的吹捧，张居正不仅泰然处之，而且还欣欣然地将之悬挂于厅堂。原礼部侍郎邱岳献了一副对联，对联上这样写道：

日月并明，万国仰大明天子。

丘山为岳，四方颂太岳相公。

“丘山”是邱岳二字的偏旁，而“太岳”则为张居正的别号。对此，张居正更是心花怒放，准备越级提拔邱岳。这种对阿谀奉承者的欣赏和鼓励，必然会使用人的标准由“唯贤”变成“唯亲”，从而形成党同伐异的个人宗派。这就使得张居正愈来愈不能保持清醒的头脑，难以真正任人唯贤地选拔人才。事实上，张居正在任用人才的同时，也任用了不少亲戚故旧。其中，既有安邦治国的贤才，也有奸险的昏庸之徒。

在对阿谀奉承者欣赏和鼓励的同时，张居正还竭力压制言官，对言官采用利诱、威胁的两手，凡不听话的言官必定调出京师，至于公开唱反调的则必定罢官，乃至于流放。言路是明代政坛的晴雨表，言官是政坛上最活跃的分子，历任首辅不控制言路就无法长期执政，张居正为了推行改革而打击政敌是无可厚非的，但他缺乏大度容人的器量，在处置言官和其他持不同政见的官员时，往往掺杂着个人的恩怨，处置失当，打击面过宽，无形中将不少人推到了对立面，这显然是张居正处世为人方面不够明智之处。

另外，张居正与宦官冯保的关系，也使他陷入了两难的境地。自从明太祖朱元璋废除丞相之后，明朝内阁对皇权的依赖性大大强于前朝，而皇权的伴生物——宦官势力，也始终成为左右明朝政局的一股重要力量。内阁大学士倘若无法取得皇帝、宦官等宫廷方面的支持，就不可能长期执政，故而张居正不得不殚精竭虑地采取妥协的方式处理与宦官的关系，以求得宫、府一体，将决策、行政权合而为一。在当时，冯保是张居正与宫闱内的皇帝、太后交通信息的最佳人选。然而，冯保其人贪财好货，张居正不得不竭力满足他的奢欲。有一次，张居正送给冯保的礼品有金 3 万两，银 10 万两，夜明珠 9 颗，珍珠帘 5 副，还特地为之写了《司礼监太监冯公预作寿藏记》，字里行间充满了肉麻的吹捧。为了取得冯保的支持，张居正在万历元年（1573 年）和万历六年（1578 年），先后两次赞成冯保收进六千多名宦官，扩大了宦官的人数，从而造成了万历中后期宦官势力的恶性膨胀。他还曾主动要求封赏冯保的子侄，并压制攻击宦官的朝臣，尽量减少朝臣与宦官的摩擦，以此巩固他和冯保的联盟。这一方针虽然在稳定政局方面，有着策略上的益处，但却不能不引起朝野士大夫的非议。一些讲究气节的文人，认为张居正阿谀逢迎宦官，人品卑下，因此对他产生了反感。张居正以冯保这样一个腐败的人物做自己的政治后盾，使他陷于一种两难的境地：拒绝冯保的支持，他便根本没有机会实现自己的政治抱负；而与冯保结盟，则必然会被他拖入恶浊的深渊。

除了交结宦官之外，朝野上下对张居正人品议论最多的还有贪污受贿问题。贪污受贿原是明代官场上的通病，当时的官吏薪俸极其微薄，以权谋利蔚成风气。在明代的权臣中，张居正还算清廉持正。不过，他虽然自称自己当政以来，“私宅不见一客，非公事不通私书”，但在其私人信函中屡次提到他的亲信文官曾向他赠送贵重的“礼物”，包括现金和田地。譬如，万历七年（1579 年），张居正曾说过，自执政以来，仅两广将帅所赠的财物就不下万金，但他都没有接受。尽管张居正本人不受贿，但他却未能制止亲属受贿。不少官员看准了这个门路，不向京师相府送礼而是直接送到江陵张府。故而张居正死后，抄家时也还是抄出了黄金万余两，白银十余万两。

张居正执政之初，尚能约束子弟、家人，不许他们与权贵、督抚、边帅结交。然而，随着其权势的如日中天，张居正踌躇满志之余，便不再约束子弟家人，甚至为后者谋取进身阶梯。这些做法大大损害了他的政治形象，引起了正直的士大夫的不满。张居正当权时，其诸子皆登上第，一状元，一榜眼，一进士，悉由关节得之，其三场作文则请人代作。万历五年（1577 年），张居正次子张嗣修参加会试，廷试拆卷后，嗣修排在二甲。出于李太后、冯保的授意，神宗将嗣修列为一甲第二名榜眼。事后，神宗对张居正说："朕无以报先生功，当看（顾）先生子孙。"神宗带头作弊，张居正泰然处之，遂使科场风纪大为窳坏，权贵子弟纷纷夤缘际会猎取功名。张居正的家人甚至扬言说："明年殿试，吾家小公子必中探花。"只是后来张居正去世，才没能兑现。对此，后来有诗云：

相门子弟多才杰，甲第翩翩居上列。
兄为榜眼弟状元，一家盛事真奇绝。
丞相家儿贵莫伦，寒士原应步后尘。
彩笔未濡文已就，春闱欲入名先闻。
张家昆弟何竞爽，荣华海内真无两。
假使相公馆未捐，幼儿又复夺蝉联。
曳白那顾旁人羞，及时且为子孙谋。
岂料乃翁一朝陨，还复青衫到白头。

张居正凭借权势为子弟谋取进身阶梯，其政治声誉不能不受到严重损害。一般来说，明朝建国以来，科场作弊虽然屡有所闻，但基本上还是公道的，然而从张居正开始，“公道悉坏”。

在张居正当权期间，不仅子侄青云直上，其奴仆也是颐指气使，盛气凌人。张居正自己虽表示要严厉约束奴仆，但实际上其家奴经常打着他的旗号狐假虎威。例如，张居正的宠奴游守礼（游七）纳资取得幕职，与士大夫结纳交往，招权纳贿。不少朝臣勋贵不惜降低身份，争相结纳游守礼，与之称兄道弟。张居正江陵老家的奴仆更是肆无忌惮，鱼肉乡里。张居正虽然对家人奴仆的不法行为有所察觉，有时也能稍加裁抑，但始终没有采取过有力的措施，以致当时的一些奸猾之徒，假冒张居正家人、奴仆之名，四处招摇撞骗，骚扰官府，欺凌百姓。这些，无疑都大大损害了张居正的声誉。

另外，张居正个人生活上的奢侈无度，也留下了道德上的疵瑕，这自然不能不贻人以口实。早在隆庆二年（1568 年），江陵的辽王宪㸅被废，豪华的辽王府归了张家。隆庆六年（1572 年），湖广官员建议为张居正立牌坊，遭到张居正拒绝。于是，他们将建坊之费折价送到张家，张居正表示愿将此费交纳官府，作为购买辽王府的价款。但实际上，这笔钱却成了翻修辽王府的费用。由于翻修费用大大超支，张居正又计划用历年所得的赏赐、俸禄和田租等加以偿还，但超支的部分却由地方官垫补。接着，湖广的地方官又动用公款，先后建造了三座石坊以颂扬张居正的功业。又有一次，明神宗听说张居正要改建住宅，增修一座阁楼以便悬挂御笔，就下令内库拨发白银 1000 两予以资助。之所以这样做，一是为了表示尊宠，二是因为在他的心目中，“张先生”的官俸并不丰厚。但在张居正去世之后，神宗才听说北京张宅的增修费用竟为白银 1 万两。而且，就在北京张宅修造完毕之时，湖广的江陵立即出现了一座规模相同的张宅，建造的费用也来自宫库。据说，张居正获悉此事之后，自称于心不安，但却并没有拒绝那些地方官的阿谀奉承。张居正整顿驿传，禁止官员及其家属的滥用，然而，张家的仆人甚至亲友的仆人却可以任意向地方官需索车马船只。张居正回籍葬父，排场浩大，气势也相当显赫。当时，他的坐轿要 33 个轿夫扛抬，内分卧室及客室，还有小童两名在内焚香挥扇。行经各地，不仅地方官一律郊迎，就连当地的藩王也破例出府迎送，与之行宾主之礼。显然，张居正要求其他官员厉行节俭，他自己却不能以身作则。

除了张居正本身的缺点外，他的改革也有一些偏差。例如在清丈土地的过程中，虽然确实清查出了不少豪强富户隐匿、诡奇的漏税地亩，增加了明朝政府的赋税收入，但由于张居正清丈田亩是为了增加赋税，当时有的地方官吏为了迎合旨意，弄虚作假，以短缩弓步的手法多报田亩，用来报功请赏。

上述的这些，均给反对改革者留下了口实。尽管张居正在世时人们害怕他的赫赫威势，不敢不恭维他，但在这种恭维的后面，却积蓄着怨恨和蔑视。这种怨恨和蔑视，一旦时机成熟随时都可能爆发。万历十年（1582 年），张居正赍志以没。他刚死，新政即告废除。张居正被削除了官荫、赠谥，在江陵的老家也被查抄。长子张敬修自杀，次子张嗣修和其他几个孙子被发配到边远地区充军，全家被迫害致死者有十余人。张居正执政 10 年所进行的一些改革以失败告终。

张居正改革终以人亡政息而落幕，它给后人留下的启示是深刻的。纵观张居正改革，他不计私怨，改革吏治，整顿学校。尤其是大力选拔人才，实行检查公文落实情况的考成法，大大提高了国家权力机构的办事效率，使之成为能够有效推行改革的工具。实行清丈土地，推广一条鞭法等措施，缓和了财政危机，促进了社会经济的发展。此外，他支持对蒙古首领俺答的议和，加强与青藏地区的关系，扩大互市规模，整顿军备，取得了边境的安宁，促进了和蒙、藏等民族的经济交流。这些改革客观上收到了积极的成果，有利于社会生产的发展和人民生活的改善，促进了资本主义萌芽的发展，因而对历史的发展做出了有益的贡献。但是，张居正改革发生在明代后期，从整个明王朝来说，已处于由盛转衰的历史时期，帝国斜阳最后的一抹余晖虽然耀眼，但却已近暮色。这种总体趋势是任何人都无法改变的，腐朽的封建生产关系，决定了张居正改革不可能取得进一步的成效。

张居正的遭际，被当时之人视作擅操威柄，权高震主，以至于祸发身后。此次改革的最终失败，对于晚明政坛产生了深远的影响。在张居正执政期间，大明帝国的财政收支状况良好。张居正去世之后，开支急剧增加，国家财政重新出现了入不敷出、储备减少乃至匮乏的局面。摆脱了张居正约束之后的明神宗，从此失去了首辅的有效制约，遂得肆意妄为。他整日耽于逸乐——“因曲蘖而欢饮长夜，娱窈窕而晏眠终日”，躲在深宫里朝歌夜舞，没日没夜地与宦官、宫女们厮混。甚至连庙祀亦不亲祭，而改遣大臣代祭。对于治国，明神宗愈来愈失去了兴趣。他先是纵容言官弹劾大臣，却拒不接受朝臣的忠言直谏；继而又以冷漠的态度，视言官的进谏为沽名钓誉。凡是进谏奏章，一概不理不睬，置若罔闻。由于长期拒不批答章奏，拒绝接见朝臣，使得万历中、后期的君臣隔阂日益加深。明神宗的怠于政务，再加上张居正推行的考成法之废止，使整个国家机构陷入了瘫痪的境地。考成法既废，政归内阁与政归六部之争愈演愈烈。此后，大明帝国的世风日趋颓唐，举朝上下失去了起码的政治是非标准。继任的阁辅权臣为了明哲保身，往往尸位素餐，故作平庸，为皇帝马首是瞻。而大小官员亦不以国事为重，遇事相互推诿，除了升官晋职之外均无所用心。特别是先前受张居正信任的官吏，如戚继光、张学颜、潘季驯、梁梦龙、徐学谟、曾省吾、李成梁诸人，均因张居正的缘故而遭斥革；而此前遭受冷落或罢黜的官僚，则因迎合神宗旨意，罗织各种罪名对张居正横加攻击而得以升迁，这就使得嘉靖以来逐渐形成的朋党风气更趋膨胀。此后，朝廷官员结党营私，相互攻讦愈演愈烈，王朝衰颓之势日益加深。明王朝从此日薄西山，一蹶不振。从这一意义上来看，张居正改革的废止不仅仅是他个人事业的失败，同时也加速了明王朝政治的腐败。对此，著名的明清史专家孟森曾说："故居正没而（明朝）遂入醉梦期间矣"，"明亡之征兆，至万历而定。"黄仁宇在《万历十五年》一书中也指出："张居正的不在人间，使我们这个庞大的帝国失去重心，步伐不稳，最终失足而坠入深渊。"

家事、国事、天下事
东林党争

明代的“党争”与现代政党竞争显然不可同日而语。以国事天下事为重的士人联合起来，以权势私欲为念的官僚也组织起来，因此，这种“党争”没有给王朝带来清明政治、振衰起弊的希望，却将明朝政坛拖入乌烟瘴气的泥淖。

万历二十二年（1594年），吏部文选司郎中顾宪成被削官回籍。在故乡，他与弟弟顾允成倡议修复了无锡城东的东林书院。此后，他与一些罢官废吏及在职官员，如高攀龙、钱一本、孙丕扬、邹元标和赵南星等人，经常讲学其间。迄今，在东林书院的旧址，还留有一副对联——

风声、雨声、读书声，声声入耳。

家事、国事、天下事，事事关心。

在东林书院，顾宪成等人借讲学为名，时常讽议朝政，臧否人物。而朝中一批忧国忧民的士大夫，则与他们遥相呼应，互通声气，从而形成了一股不容忽视的政治势力，反对派遂将他们称作“东林党”。东林党人号称“清流”，控制了天下的舆论；而与之对立的“浙党”，则被朝野上下的不少人视作“邪党”。

当时，明神宗倦于临朝，整个国家缺乏一个强有力的权力中心，这一形势使得朝野上下的派别纷争愈演愈烈。所谓浙党，是指当朝的王锡爵、沈一贯和方从哲等人。他们先后执掌内阁，党同伐异，排斥政敌。于是，一些与“浙党”不和的士大夫逐渐聚集在顾宪成的周围，与当政的浙党相抗争。发展到后来，朝中的其他官僚也纷纷卷入门户党争的漩涡之中。他们或投靠浙党，或依附于东林党。譬如，当时的“秦党”（主要是一些陕西籍的官僚），就与东林党人的政见颇相吻合；而籍隶山东、湖广和皖南宣城、徽州一带的不少官僚，则大多依附于浙党，史称“齐党”“楚党”和“宣党”。其中，宣党首领汤宾尹是宣城人，昆党首领顾天峻是昆山人，其他各党皆各以乡里命名。东林党人与浙、齐、楚、宣诸党势不两立，相互倾轧，互不妥协，从而形成了万历中后期激烈的党争。及至天启年间，面对宦官魏忠贤专权局势的日趋形成，东林党人奋起弹劾，不仅激化了阉党与东林党人的矛盾，而且还使得万历以来的党争形势更趋复杂、混乱。魏忠贤纠集先前反对东林党人的势力，屡兴大狱，不遗余力地打击东林党人。著名的东林党人杨涟、左光斗等，皆因弹劾魏忠贤而被逮捕，并与黄尊素、周顺昌等人一起被残酷杀害。魏忠贤还嗾使党羽编写《三朝要典》及《东林点将录》等文件，力图将东林党人一网打尽。天启七年（1627 年），思宗（崇祯皇帝）即位之初，就逮治魏忠贤，将大批阉党定为逆案而分别治罪，并重新召用了一些有声望的东林党人。然而，崇祯二年（1629 年）以后，魏忠贤余党温体仁的入阁，使得阉党势力死灰复燃，他们与东林党之间的门户之争再度激化，对立的双方交章弹劾，政争不已，此种局面一直持续到了明朝灭亡。

从总体上看，东林党人坚持正统的儒家伦理思想，主张严格遵守真正的道德规范。特别是在早期，他们往往以标榜个人品质的正直廉洁而闻名天下。东林党的代表人物顾宪成就曾主张，作为一个正人君子，在朝为官必须一心一意为君父着想；在地方做官，就必须关心百姓的日用民生；而闲居水边林下，则应当志在世道。这些话成为当时的“士林标准”，为许多人所躬行实践。于是，东林党人往往不畏强权，为民请命，大胆弹劾朝中权贵，抨击肆虐无忌的宦官，甚至冒犯天颜，公然对皇帝的权威提出挑战。特别是在野的士大夫，常常通过“清议”的方式，直言不讳地批评朝政弊端。明神宗朱翊钧虽然倦于临朝，但却极为贪婪。从万历二十四年（1596 年）起，他先后向全国派出了大批宦官充当矿监税使，对各地商民肆意搜刮。这些大大小小的宦官，或专管税务，或监督开矿，或强征店税，或兼采珍宝。他们招募当地的流氓无赖充当打手，打着朝廷的幌子，狐假虎威，嚣张跋扈，极大地加重了民间的苦难。对此，东林党人仗义执言，挺身而出加以抗争。例如，凤阳巡抚李三才，就曾上疏指责矿监税使的四出聚敛，甚至直言不讳地指斥明神宗：

> 陛下宝爱珠玉，百姓也想温饱；陛下爱护子孙，百姓亦爱恋妻儿。何以陛下要拼命地聚敛财宝，却不让百姓满

足升斗之需呢？为什么陛下要延福万年，却不让百姓享受朝夕之欢呢？

他坚决要求神宗罢除天下的矿税。东林党人还经常提倡体恤商贾铺行，反对官府的横征强买。在反对矿监税使的活动中，尽管有不少东林党人因此被削职罢官，逮捕问罪，甚至被迫自杀，但他们仍然前赴后继，在所不辞。

除了反对加派矿税和对工商业的摧残之外，东林党人还致力于反对后妃干政和宦官专权。万历末年及泰昌、天启初年，接连发生了"梃击""红丸"和"移宫"三案。"梃击案"发生于万历四十三年（1615年）五月初四日酉刻——一名叫张差的男子手执枣木梃闯入皇太子居住的慈庆宫门，击伤守门内侍李鉴，一直打到前殿檐下，才被内侍韩本用等人擒获。据查，该男子与郑贵妃宫中太监有所牵连，故而一般认为那是企图谋害当时还是皇太子的朱常洛。万历四十八年（1620年），明神宗去世，皇太子朱常洛即位，是为"光宗"，改元"泰昌"。光宗沉湎于女色，不到一个月就一病不起。由于郑贵妃曾向光宗进献美女，据说还指使中官崔文升进食泻药，故而被认为有谋害光宗的嫌疑。光宗病危后，鸿胪寺丞李可灼又进红色药丸二粒，光宗吃了之后，第二天便一命呜呼，当时称为"红丸案"。光宗死后，为了反对先朝妃嫔挟持幼帝，杨涟、左光斗等人迫使先前与光宗同居乾清宫的李选侍移居哕鸾宫，史称"移宫案"。东林党人以维护皇权的面目出现，坚决反对郑贵妃、李选侍干政，公开抨击危害皇太子、皇帝的行为，主张严厉追查三案的当事人及其幕后操纵者。天启以后，魏忠贤阉党专政，杨涟、左光斗等人上疏弹劾魏忠贤，表现出不畏强暴、刚直不阿的英雄气概，遭到魏忠贤的陷害和镇压。随着阉党势力的恶性膨胀，东林党人遭受了自万历中叶以来最为沉重的打击，他们或被酷杀，或不得不自杀，或惨遭禁锢，或放逐罢免。

鉴于晚明时期吏治的严重腐败，东林党人还在京察、大计中力图澄清吏治。不过，由于党争利益的需要，东林党人的政治主张往往与他们攻击异己的动机纠缠在一起。

明代对官吏的考核制度有“京察”和“外察”两种。“京察”考察京官，6 年一次，以地支逢巳、亥的年份举行；“外察”考核地方官吏，3 年一次，每逢辰、戌、丑、未之年，趁外官赴京师朝觐之机加以考察。在京察中，根据官员的政绩、品行，分别给予升任或罢官降调等奖惩。凡是在京察中被罢官的，终身不复起用。由于考核的结果决定官员的升迁，故而深受朝野上下的瞩目。万历二十一年（1593 年），顾宪成不满于浙党阁臣的倒行逆施，借京察的机会，操纵吏部罢黜与阁臣过从甚密的一些官僚，引起了王锡爵等人的强烈不满。平心而论，此次京察的主持者——吏部尚书孙鑨、考功郎中赵南星和左都御史李世达等人，都是比较正直的官吏。在这次京察中，他们基本上还是做到了秉公澄汰、无所徇私。例如，文选员外郎吕胤昌是孙鑨的外甥，都给事中王三余是赵南星的亲戚，两人均因考评不佳被斥黜。由于主持京察者得罪了内阁权臣和被黜官吏的亲朋师友，万历二十一年的京察，也就成了门户党争的重要一幕。特别是在此后门户党争日趋激烈的情况下，在京察中提拔贤能、降邪黜恶的可能性越来越小，而结党营私、打击异己、扶植同党的色彩却日趋加重。万历后期，东林党与浙党双方的争斗愈演愈烈，口头论争已不能发泄怨恨，故而双方均殚精竭虑地排斥异己。不遗余力地借京察逐罢对方在朝的官员，也就成了党争的重要内容。万历三十三年（1605 年），东林党人都御史温纯和吏部侍郎杨时乔主持京察，浙党官员钱梦皋、钟兆斗等人均受贬谪。万历三十九年（1611 年），东林党人再次借考察京官之机，联合吏部尚书孙丕扬逐斥浙党诸人。与此同时，南京的京察却为齐、楚、浙党主持，因此，在那里的东林党人便大受斥逐。不久，浙党方从哲入阁成为辅臣，浙党乘机反扑，将号称“清流”的东林党人驱逐殆尽。到万历四十五年（1617 年）丁巳京察时，方从哲又当上了首辅，浙党势力愈益膨胀，对东林党人更是极尽打击迫害之能事。光宗去世后，杨涟、左光斗与刘一燝和周嘉谟等人拥立光宗的长子朱由校即位，此即“熹宗”，翌年（1621 年）改元“天启”。当时，浙党首领方从哲因“红丸”诸案被迫辞归，东林党人暂居上风。天启初年，东林党人叶向高复出，担任首辅，邹元标、赵南星和高攀龙等人也纷纷跻身于大僚之列，左光斗、魏大中、黄尊素等人又控制了言路。于是，内阁、都察院、吏部、礼部等要职均为东林党人所把持。一时间，东林党人的势力空前发展。这时的东林党人，早已被朋党门户的倾轧冲昏了头脑，他们一旦大权在握，政治上并没有多少建树，却不遗余力地对政敌加以排斥和大肆报复，甚至凡是与东林党人意见相左的，均被他们视作“邪党”而遭逐斥。天启三年（1623 年），东林党人赵南星出掌吏部，更是培植私人，大事报复，任意黜免与他们政见不合的朝官，这就使得非东林党官僚不得不另找靠山，纠集力量重新与东林党人较量。

当时，权阉魏忠贤为司礼监秉笔太监，并提督东厂，麾下爪牙有“五彪”“十狗”“十孩儿”和“四十孙”等。自内阁、六部、四方总督、巡抚，到处都有他的死党。特别是浙、齐、楚、宣、昆党中的一部分人与之结成联盟，更壮大了他的力量，从而形成了与东林党人相抗衡的阉党。譬如，《东林点将录》的作者王绍徽本是齐党的首领，《三朝要典》的总裁系昆党的骨干顾秉谦，而阉党的内阁首辅冯铨与东林党有世仇，“五彪”之崔呈秀、魏广微等人，亦均为遭东林党排斥和结怨的仇人。魏忠贤有了这批人做心腹和智囊，如虎添翼。可以说，天启年间魏忠贤为首的阉党势力之膨胀，固然有着多方面的原因，但东林党人在政治上的失策，无疑也难辞其咎。

党争不已使得明代后期缺乏起码的政治是非标准，许多朝廷纷争只是出于朋党的私利。在不少问题上，党争双方都是将朋党的利益置于国家、社会和民族的大义之上。浙党党魁王锡爵就曾对东林党领袖顾宪成说：“当今所最怪者，庙堂之是非，天下必欲反之。”“庙堂”是指朝廷。他的意思是说——当今最奇怪的一点是，凡是朝廷赞成的，东林党人控制的舆论就必定要反对。对此，顾宪成则反唇相讥：“吾见天下之是非，庙堂必欲反之耳。”确实，凡是东林党人赞成或反对的，把持朝政的浙党一定要反其道而行之。关于这一点，东林党人及其政敌聚讼纷纭的“卫国本”，便是极为明显的一例。万历十四年（1586年），朝廷群臣为了册立皇太子之事发生了激烈的论争。明神宗的皇后没有生儿子，而妃嫔之中，王恭妃生有一子（朱常洛），郑贵妃生有一子（朱常洵）。朱常洛年纪为长，按照封建传统惯例理应成为太子。但明神宗因对郑贵妃情有独钟，一直想立朱常洵为太子。这种念头一经流露，就遭到了朝臣们的激烈反对。明神宗无奈之余，干脆一拖再拖，就是不立太子。万历二十一年（1593 年），明神宗又耍了个花招，下诏要并封朱常洛、朱常洵为王，借口是要等皇后嫡子出生以后再定储位。此事在朝臣中掀起了轩然大波，大家纷纷反对。神宗迫于众议，不情愿地在万历二十九年（1601 年）册立朱常洛为皇太子，分封朱常洵为福王。但福王仍然迟迟不赴封地就藩，以至于朝臣疑虑纷纷，这就是持续时间长达二十多年的“国本”之争。这一事件本身原本并不足道，但它却成为晚明党争的开始。稽之史籍，浙党与东林党人在这一问题上其实并没有什么分歧，他们都一致要求神宗早日册封皇太子。但双方却借题发挥，相互攻讦不已，聚讼纷纷。又如，万历年间矿监税使的肆虐，不仅引起了东林党人的极大愤慨，浙党及其他与东林党人不和的官僚，也不乏反对的意见。首辅沈一贯、左都御史温纯、户部尚书赵世卿和司礼监王义等人，都进行过罢除矿监税使的活动。但东林党人却故意视而不见，因此在他们谴责矿监税使横行的呼声中，就常常挟带着攻击执政异己的党争利益，从而因朋党门户的私利，削弱了“为民请命”的社会正义感。

晚明的朋党纷争加速了政治上的腐败，也使得原本已十分复杂的政治形势更趋严峻。随着党派纷争愈演愈烈，到崇祯年间，对于日益严重的社会危机，东林党人越来越显得束手无策，他们整日袖手空谈，交章攻讦，汲汲于毫无原则的门户党争。当时，全国各地的农民起义呈星星火燎原之势，东北的女真族势力也咄咄逼人。东林党人对于政局虽然喋喋不休，但往往持论甚高，筹边制寇却并无实招。激烈的党争，使得原已衰败不堪的国家机器难以正常运转。天启年间，明廷任命著名将领熊廷弼为辽东经略，并以刚愎自用的王化贞为巡抚。熊廷弼创立“三方布置法”，主张采取稳固防御的策略，在广宁驻扎步、骑军，在天津及登莱一带驻扎水军，并在辽河沿线实施防御。这一策略，在当时的形势下无疑是正确的。然而，只知纸上谈兵的王化贞却不以为然，他不顾辽东的实际情况，一意鼓吹进攻，并处处阻挠熊廷弼的防御计划。当时正值天启初年东林党人得势时期，内阁首辅是叶向高，而王化贞则是他的得意门生。东林党人出于朋党利益，对之事事加以袒护。而熊廷弼则因早年隶属于东林党的政敌之一——楚党，并在御史任内曾经排斥过东林党人，故而深受后者的忌恨。因此，不仅他的稳固防御计划多受掣肘，而且，就连在兵力配置方面也得不到多少支持。天启二年（1622年），努尔哈赤率军围攻西平，在广宁拥兵14万的王化贞派遣军队前去救援，结果是一触即溃。广宁随即失陷，王化贞匆匆出逃。熊廷弼只好下令坚壁清野，保护溃兵溃民退入山海关。广宁失守后，辽东的形势更趋吃紧。

此后，熊廷弼和王化贞两人都被逮捕并追究责任。东林党人偏袒王化贞，不顾熊、王二人责任的轻重，力主一并处死。特别是邹元标、魏大中等人，对于熊廷弼更是恨之入骨，必欲置之死地而后快。熊廷弼无奈之余，只得乞救于与东林党对立的阉党。他先是让人传信说自己愿意贿赂内廷4万金祈缓，继而因无银可贿，又得罪了阉党。而东林党人看到熊廷弼为阉党所忌恨，马上又纷纷改变初衷，上疏申救其冤。这又让阉党以为熊廷弼与东林党人早有瓜葛，于是更加紧了对他的迫害。阉党诬陷熊廷弼贿赂东林党人，犯了失守封疆的大罪。天启五年（1625年），熊廷弼终于被杀，他的头颅被传送到九边示众。对此，后人吟咏道："长城自坏不知惜，九边传首血凝碧。"其实，因党争而受祸的边防将领，又何止熊廷弼一人！之后的大学士孙承宗，是功高权重的资深朝臣，他素来与首辅叶向高等人关系密切。尽管阉党头目魏忠贤多次拉拢，但他始终不为所动。天启三年（1623年），孙承宗出镇山海关，他继承熊廷弼"以守为攻"的战略方针，取得了相当的成效。但由于魏忠贤对其拥兵关外深怀忧忌，遂想方设法加以陷害，不久，孙承宗也就成了党争的牺牲品。天启五年（1625年）十月，阉党借柳河明军小败，极力参劾孙承宗，孙承宗被迫去职归里。再如，袁崇焕的冤死，也与明廷内部的树朋结党有关。

从万历中后期起到崇祯年间为止，朋党纷争愈演愈烈。从朋党双方的构成来看，一般说来，东林党人多是一些比较有抱负、关心国计民生、头脑比较清醒、政治态度比较开明、个人品质也较为正直廉洁的士大夫。他们不尚空谈，主张躬行实践，过问政治，以求经世致用。他们认为"自古未有关门闭户自做成的圣贤，自古圣贤未有绝类离群孤立无与的学问"，要求士大夫走出书斋，进行救世的活动。特别是早期的东林党人，更具有一定的社会正义感和政治改革的主张，其中不乏真正的忧国忧民之士。他们曾积极支持市民的反税监斗争，不仅经常上疏弹劾税监，为商民请命，而且还直接参与民间反对矿监税使的斗争。例如，苏州织工领袖葛成为反税监而死，东林党人文震孟为之题写碑文，朱国桢为他撰写墓志铭。天启年间，一些东林党人更是不畏强暴，与阉党势力展开了殊死的斗争。天启六年（1626年），魏忠贤派缇骑到江南等地逮捕东林党人周顺昌，曾激起民众的强烈反抗。当时，苏州居民聚众达数万人，群趋殴打缇骑，当场击毙缇骑一人。巡抚报告“吴人尽反”，并逮捕了为首的颜佩韦、周文元、杨念如、沈扬和马杰等 5 人。这一事件说明，东林党人反对宦官阉党的正义行动，得到了当时城市居民的普遍支持和同情。对于日益隳弊的官僚机构，东林党人也力图严肃吏治，这也符合下层民众对清明政治的愿望。不过，由于门户之见，激烈的政争牵扯了东林党人大部分的心力，不少人变得傲慢、偏狭和难以容人，逐渐丧失了过去力图整饬朝政的壮志，他们与其他党派在政见上的差别日见其微，澄清吏治的愿望不仅没有收到实际效果，而且还使得晚明的政治形势更为腐败。东林党人当政后，一是起用了一大批被贬的党人，让他们控制军政、监察和人事大权；二是排斥异己，打击宿敌齐、楚、浙、宣、昆党，利用“京察”的机会，不遗余力地将自己的政敌逐出朝廷。在这种情况下，吏治就成了谋取私利、排斥异己的手段，不仅使得他们在政治上无所建树，而且也给晚明的社会、经济和军事等诸方面带来了严重的后果。以军事方面为例，由于朝中各朋党借“辽事”（辽东的战事）互相攻讦，朝廷之中，整天是吵嚷混争的一片喧闹，君臣上下，对于辽东战局束手无策。从明末的军事形势来看，自辽、沈、广宁失守到熊廷弼、袁崇焕诸人被杀，可以说完全是当时政治腐败的结果，著名的将领熊廷弼等人成了东林党人和阉党相互攻击的牺牲品。风雨飘摇的大明王朝，自毁长城，使得辽东的边防日益窳坏。否则，至少可以暂时阻遏女真族的迅速扩张，从而延缓明朝灭亡的速度。

天灾与人祸
明末农民战争缘起

整天丰衣美食的皇亲国戚体会不到饥寒交迫的感觉，因此，他们对于无数饥民的哀号无动于衷。靠天吃饭的中国自给自足的自然经济抵御自然灾害的能力相当脆弱，当天灾人祸交臻之时，他们只能选择武力抗争。

1644年（崇祯十七年）旧历三月二十九日，大明王朝终于走到了穷途末路。在农民起义军震耳欲聋的炮火声中，明朝末代皇帝朱由检在杀妻砍女之后，四处突围不成，自缢于煤山。北京城明军的抵抗由此宣告彻底结束，大获全胜的农民起义军浩浩荡荡开进北京城内。城内居民夹道欢迎，每户门楣之上都写有“顺民”的字样，沿街排摆香案，上贴“大顺永昌皇帝万岁万万岁”条幅，好一派热闹喜庆的场面！在刘宗敏、牛金星和宋献策等文武官员的陪同下，进城仪式的主角——“大顺永昌皇帝”李自成在正午时分昂然进入德胜门。只见他头戴毡笠，身披缥衣，胯下骑着高头大马，气态庄重，威风凛凛。当行进至承天门下之时，李自成再也无法抑制兴奋的心情，摘弓搭箭，向承天门的匾额射去。这可真是翻天覆地的时刻！至此，明末农民战争取得了巨大的成功，昔日飞扬跋扈、作威作福的王公显族、缙绅权贵已变成人人喊打的过街之鼠，而李自成——这位当年被裁减的驿站马夫，似乎成为这朗朗乾坤的主宰。面对这一幕划时代的巨变，无数后人感慨不已。

以李自成、张献忠为首的明末农民起义军转战十余年，粉碎了明朝官府的多次大规模围剿，备尝艰辛。然而他们能够完成推倒明王朝之壮举，其中缘由又远远超出了军事较量的胜负，特别是李自成等人在屡次惨败之后东山再起，最终星火燎原，势不可当，确实给后人留下了值得深思的问题。古语云："时势造英雄。"但要洞明时势，绝非轻而易举。"不识庐山真面目，只缘身在此山中。"也许在数百年之后，我们对产生这场历史性巨变的客观社会背景才会有一个较为清晰的认识。

崇祯皇帝朱由检曾无奈地叹息："朕非亡国之君，事事皆亡国之象。"此言虽有朱由检掩饰自己过失的成分，但说明了一个无法回避的现实，即在崇祯帝登基之始，明王朝就陷入了难以自拔的困境之中，从这一点上讲，朱由检的确是相当不走运。关于明末农民战争的爆发，史学界已基本取得共识，即其酝酿于万历、天启年间，崇祯即位改元之际，顿成风起云涌之势。引发中国古代史上规模最大的农民战争最直接的原因为"天灾"，即严重的自然灾害造成粮食大幅度减产或绝收，从而使各地普遍出现前所未有的饥荒，对于成千上万的平民而言，这种饥荒就意味着死亡。

明代末年的自然灾害具有相当突出的特征，一是持续时间长；二是涉及地区广；三是各种灾害密集交织。陕西是明末农民战争的策源地，同时也是当时遭受自然灾害最为严重的地区。据雍正《敕修陕西通志》的记载，从万历初年到天启末年的五六十年间，陕西地区就已灾害频发，无岁无之，其种类包括旱、蝗、水、雹、地震、山崩、瘟疫等等，似乎将各种难堪的灾害来了一个大汇总。而在明代，陕西又是中国北方土地贫瘠、农业生产相当落后的地区之一，罕见的自然灾害必然使陕西地区的粮食生产遭受严重的破坏。“民以食为天”，天灾肆虐导致颗粒无收，靠天吃饭的平民只有在死亡线上挣扎。万历四十八年（1620 年），“关中大饥，十岁儿易一斗粟”。至崇祯初年，困惫已极的大批饥民仍不得半点苏息，不甘心饥饿而死的人们被迫走上了四处抢掠之路。当时陕西延安籍的官员马懋才回乡省亲，目睹了当地的惨况，所撰《备陈灾变疏》为我们揭示了令人难以置信的惨况，读来令人骨鲠在喉，心情难以平静。

马懋才在疏中讲道：崇祯元年（1628 年），延安府又罹亢旱，一年无雨，草木枯焦，粮食绝收。八九月间，饥民们争先采摘山间蓬草为食，其籽苦涩，食之仅得不死。至十月，蓬草也被挖掘一空，树皮又成为替代的充饥之物。据说只有榆树皮口感稍好，却较难得，只好与其他种类树皮相杂而食，借之可以稍延性命。至年终，树皮也被剥取干净。饥饿难耐的人们只好以山中石块为食。有一种名为青叶的石头，味腥而腻，少食即饱，但不过数日，必腹胀下坠而死。成人尚自身不保，那些襁褓中的婴儿之命运就可想而知。城外粪场便成为弃婴场，号泣之声让人肝肠寸断。另外，延安府各县外均有数个大坑，用以掩埋死者。据马懋才亲眼所见，仅安塞城外三个可容数百人的大坑已堆满尸体，而附近没有送来的尸体又不知有多少。这是当时相当普遍的现象，马懋才得出结论道："小县如此，大县可知；一处如此，他处可知。"

在传统的封建社会，中国农民躲避饥荒最常用的方式便是远走他乡，四方流移求食。因而在以往各个王朝中，每当严重自然灾害来临之时，大批流民随之产生，由此出现的社会问题也常常使当朝执政者备感棘手。明朝末年，情况大为不同。严重自然灾害的出现并不是局部的，而是涉及面积相当广泛，饥肠辘辘的人们似乎无处觅食，这种状况在万历末年已显露无遗。《明经世文编》中的一段话具有极大的代表性："数年以来，灾警荐至。秦晋先被之，民食土矣；河洛继之，民食雁粪矣；齐鲁继之，吴越荆楚又继之，三辅又继之。老弱填委沟壑，壮者辗转就食，东西顾而不知所往。"与陕西、山西地区相比，其他省份的灾荒有过之而无不及，这也就完全断绝了饥民外出求食的希望。

万历末年，山东省境内食人之风甚炽，令人毛骨悚然。当时青州府推官黄槐开在奏文中云：自古饥年中，只听说有道馑相望与易子而食、析骸而爨的故事。而今日屠割活人为食，也不问父子、夫妇、兄弟。饥民剖腹剜心，支解而炊，甚至以人心味美，小儿心更佳。有鬻人肉者，有腌人肉者，还有割人头而吮其脑者。一人方饿倒，旁人即刀刃相向，屠割立尽。如有人呵止，则大声回答道："我不食人，人将食我。"几乎同时，山东诸城举人陈其猷伏阙上疏，并绘《饥民图》附上，痛陈其家乡饥民食人恶状，恳切希望朝廷救恤。

野蛮而疯狂的人吃人现象，除了增加恐慌外，根本无助于解决当时空前严重的饥馑。马懋才曾言陕西饥民在食土石之余，也杀掠行人为食，幼童及独行人一到城外，就消失了踪影。而食人者也没有好结果。食后不数日，就会面目赤肿，很快内发燥热而死。无处可避，无食果腹，至此饥民们无复奢望绝处逢生。他们如不想等死，只有走上抢掠之路，向稍有积蓄的富有之家发起攻击。据马懋才奏疏，当时饥民有不甘心食石而死者，就相聚为盗，并宣言道："因饥饿而死与做强盗而死，并没有两样；与其坐而饿死，不如做强盗还可以饱食而死。"落草为寇乃大逆不道之事，轻则充军发配，重则株连九族，然而身处绝境的人们已无法顾忌这么多了。

从表面上看，寇乱只是由严重天灾引发的饥馑所致，故而这也就成为地方官员推诿责任的主要借口。如崇祯初年任陕西巡抚的胡廷宴就对类似事件毫不动心，每当下属州县上报"盗贼"猖獗的情况，他往往勃然大怒，不由分说地将来者笞打一顿，斥责道："此饥氓也，至明春自定耳。"陕西农民的骚乱不仅没有于来年春自动平息，而是如燎原的烈火，愈来愈旺盛。但当朝官员还总是习惯用饥馑来解释"暴乱"的缘起，如崇祯二年（1629 年），接任陕西三边总督的杨鹤在给朱由检的上疏中云：盗贼之起，"总因饥荒之极，民不聊生。"与胡廷宴等简单推诿责任有所不同，杨鹤主张对饥民进行安抚，"切实赈济，使之糊口有资"。"给与牛种，使之归农复业。"这样就可以使"乱民"有生之乐，无死之心，"寇乱"自然平定。

其实，杨鹤之言道出了一个敏感而尖锐的问题，即在严重天灾之时官府的责任。封建帝王常常以“爱民如子”自我标榜，当成千上万的黎民百姓挣扎在死亡边缘之时，全力赈灾以解民忧应该是官府最起码的责任。但是从万历末年至崇祯即位，面对空前严重的自然灾害及饥荒，朝廷上下似乎无动于衷，根本没有采取必要的救灾减灾措施。更有甚者，一些地方官员不仅对大批奄奄待毙的饥民漠不关心，而且一如既往地严催钱粮，这无异于雪上加霜。可以说，无法回避的自然灾害是对一个社会的严峻考验，这种考验涉及官僚体制、社会矛盾等诸多问题。在远离洪荒时代之后，抵御自然灾害更须依赖社会的力量，封建官府负有不可推卸的义务与责任。而在明朝末年的特大自然灾害面前，大明王朝显出了行将就木、病入膏肓之态。社会内部各种矛盾暴露无遗，可以说，这种“人祸”才是明末农民战争风起云涌的根本原因。

崇祯帝朱由检即位之始，虽有严厉打击魏忠贤阉党之举，但面临积弊重重的社会政治、经济危机，却束手无策，甚至有意无意地为这种危机推波助澜。当时，自皇帝以下至文武百官欲壑难填，精于敛财，敲剥民髓，无所不用其极。从万历皇帝开始，当朝天子就公开向民间搜刮钱财。他派出大批矿监税使，到处恫吓要挟，掠夺民财。以后诸位皇帝也继承了这种“癖好”，每年供给皇室的一百多万银两，根本不能满足他们的需要。与此同时，明朝边庭不宁，调动兵马必需大批款项，这样一来，政府财政便陷入了崩溃的境地。为弥补亏空与不足，官府便向平民加派各种饷银，这无疑是剜肉医疮、饮鸩止渴的做法。上行下效，当朝皇帝贪婪成性，各级官员自然也不会放弃层层盘剥的机会，因此各种名目的摊派均被强加在普通百姓身上。火上浇油，敲骨吸髓，黎民百姓的命运可想而知。每当催征钱粮之时，如狼似虎的差役用重刑责罚无法如数交纳的民户，衙门之外常常血流盈阶，惨叫声、斥骂声响成一片。无奈之下，百姓卖子鬻妻，逃亡遍野，这种惨无人道的欺压与折磨必然引起人们强烈的愤慨与仇恨。让人更加无法容忍的是，就在极其严重的自然灾害与饥馑到来后，各地官府不仅没有全力赈济饥肠辘辘的灾民，不少官吏竟为保全自己的乌纱帽，不顾百姓的死活，变本加厉地催逼粮饷。马懋才曾指出：陕西各地官员在百姓九死一生之际，不蠲不减，严为催科。而且全部钱粮都强加于残存的民户身上，导致残存人家只好抱恨而逃，四处躲避。在无处存身之后，则相率为盗，“此‘盗’之所以遍秦中也”。言下之意，真正将普通平民“逼上梁山”的是贪暴无比的封建官府。对此，后人有诗曰：

闯王（即李自成）来，城门开，
闯王不来，谁将衣食与吾侪。
寒不得衣饥不食，还把钱粮日夜催。
更有贪官来剜肉，生填沟壑诚可哀，
欲得须臾缓我死，不待闯王更待谁？
闯王来兮我心悦，闯王不来我心悲。
君不见，朱泚当年据关内，大呼街市免加税，
又不见，刘豫当年据汴城，声传乡邑捐重征。
民畏重征不畏盗，自古如斯君莫惊。
寄语有司各守职，慎勿迫民使为贼！

如火如荼的农民暴动使明朝官府上下惊慌失措，正如杨鹤所言，当时最简单而有效的解决办法便是赈济饥民，安置复

业，用釜底抽薪的方式瓦解各地暴动队伍。崇祯皇帝也明白这是确保其皇位的良策，但是安抚措施需要财力支持。经过再三考虑，崇祯帝痛下决心，才拿出10万两帑银救助灾民。而这点钱对于陕西大批饥民来讲，犹如杯水车薪，所救不及1/10。当时就有官员在上疏中算了一笔账：如果按一人一金（一两银子）分配的话，10万金只可救活10万人。而按照当时的粮食价格，也只够50天之用。“十万金果足乎？”因而请求继续赈济。可是朱由检却断然拒绝了继续安抚的建议，力主严加围剿“叛民”。据史书载，朱由检爱财及悭吝的作风与万历皇帝颇为相似，“征榷之使，急于星火；搜刮之命，多如牛毛”。他对于官员的考核完全依据催征钱粮的数量，对于民间疾苦充耳不闻。甚至在兵饷短缺之时，朱由检也毫不犹豫地加以拒绝。

与崇祯帝相似，绝大多数财大气粗的王公贵族均是“舍命不舍财”的守财奴。如明神宗之子福王朱常洵居住于古城洛阳，庄田面积广袤，金银珠宝无数，“富实逾于天府”，是当时天下最富有的宗室藩王之一。但在崇祯十三年（1640年）河南遭受罕见饥荒的时候，他竟然置周围百姓生死于不顾，分文不出，不赈一钱。就连前来增援的官军都切齿痛恨，他们骂道：“王府金钱百万，餍粱肉，而令吾辈枵腹死贼乎！”心怀不满的官军自然没有多少战斗力，起义军很快便攻下了洛阳，朱常洵犹如瓮中之鳖。李自成高坐殿堂之上，大加痛斥：“汝为亲王，富甲天下。当如此饥荒，不肯发分毫帑藏赈济百姓，汝真守财奴也。”痛杖之后，将朱常洵枭首示众。其财产成为起义军的战利品，起义军大赈饥民，周围平民欣喜若狂，从者如流。

楚王朱华奎的鄙吝与朱常洵颇有异曲同工之妙。当张献忠起义军兵临武昌城下时，守备官员准备募兵守城，但府库空虚。而分封在此的朱华奎号称“积金数百万”，富冠一时。守备长官跪请贷金以饷军，朱华奎实在无法推托，急中生智，命仆人取出一把当年朱元璋分封楚王时赏赐的金裹交椅，装腔作势道：“唯此可佐军需，他无有矣。”眼见这种光景，武昌城的三司长官彻底绝望了，只好痛哭失声，挥泪奔出楚王府。张献忠起义军轻而易举地拿下了武昌城，朱华奎在劫难逃，被沉入江中淹死。得胜的义军搜出楚王宫中金银各百万，“辇载数百车不尽”。张献忠不禁讥笑道：“有如此赀财而不设守，朱胡子（朱华奎诨名）真庸儿！”

福王与楚王的表现并非极端的特例，而是代表了一个极具普遍性的问题。《绥寇纪略》的作者、明末著名文人吴伟业在追思亡国之痛时，对崇祯皇帝的悭吝颇有微词，他引用邹漪之言道：“怀宗皇帝（即朱由检）英明勤俭，不可谓非令主，乃其受病，独在慎惜金钱。”接着，他强烈指责诸位宗室亲王的贪鄙昏庸：除福王与楚王外，秦王府锦缎充斥，但在天寒地冻之时，竟不肯舍出一件棉衣；成都太守吴继善请求蜀王出借帑银充兵饷，以加强防御力量，散发仓库多得发霉的粮食，赈济饥民等等，均遭蜀王的拒绝。他们最后死于非命，实为罪有应得。只有封地在开封的周王朱恭枵捐银120万两，悬赏击杀义军之人，大批亡命之徒加入到守城的行列，使开封城成为负隅顽抗的典型，李自成义军三次大规模攻城均未奏效。由此，吴伟业感喟道：“呜呼！只坐一悭，遂成胥溺，有国有天下莫不皆然。”

在北京城被围之时，崇祯帝声称皇宫中已无帑银，无钱可捐作军需。因而，他催逼勋戚、太监、文武百官出钱助饷。这些平时依靠贪污贿赂大饱私囊的朝廷大员也同样个个叫苦装穷，上演了一幕幕可笑可叹的滑稽剧。见文武大臣都以沉默相抗拒，朱由检只好暗地里求助于自己的岳丈周奎，密谕其率先纳银 12 万两，以作表率。不料，周奎并不领情，宣称："老臣安得多金？"死活不肯多交，最多拿出 1 万两。崇祯嫌太少，周奎竟放出撒手锏，到宫中向女儿周皇后求助，周皇后暗地派人送来 5000 两，惜财如命的周奎反而扣下其中 3000 两，上交 2000 两。难道这位皇亲国戚真的囊中羞涩吗？其实不然，起义军攻破北京后，在其家中抄出现银 53 万两，另有珍币数十万。国丈如此，其他的勋戚、贵官自然争先仿效，只有太康伯张国纪拿出 2 万两，崇祯感动异常，当即晋封其侯爵。此外，明朝宦官的专权与豪富是尽人皆知的，但闻说捐银，都装出一副"苦难深重"的模样。当时最有钱的内官王之心也仅献出 1 万两，后在起义军重刑追赃时，他竟吐出现银 15 万两，其他金银细软的价值则与此相当。其余太监甚至拿出珍玩与房屋紧急"义卖"，显示自己已到了倾家荡产的地步。总之，崇祯皇帝亲自主持的捐银助饷活动成效极不理想，只得到银两二十多万，这点银两如何挽救明朝防线的全面崩溃？起义军进入北京后，大搞追赃助饷，用重刑对付这些"要钱不要命"的达官贵人，结果追出银两七千多万两，两相比较之悬殊，真令人浩叹！从这一点来看，明王朝在起义军未至之时，其内部已处于瘫痪溃烂之中了。

如果将官僚统治阶层的这种贪婪庸鄙归结为过于爱惜金钱

的性格缺陷，那么就将问题过于简单化了。在罕见的自然灾害降临之时，对于大批奄奄待毙的饥民无动于衷，而为了自己的升官发财，依然横暴敲剥，这无疑是视民命如草芥的意识在作祟。从崇祯皇帝至各级官吏，无一例外地只将千万百姓作为压榨愚弄的对象，根本不顾其死活。这种意识的突出体现必然导致统治集团与被统治集团之间矛盾的白热化，从而促使社会大风暴的爆发。

大批皇亲国戚在兵临城下、生死攸关之时，依然固守财富，其主要原因是由于长期奢侈享乐的生活，已使他们变得骄狂偏执又麻木不仁。他们恐怕至死也不相信，有朝一日，自己荣华富贵的生活会被造反者所剥夺。尽管听到起义军势如破竹的消息，大小官吏束手无措，惶惶不可终日，但他们却始终抱着极大的侥幸心理，不相信灾祸最后会降临到自己头上，而正是这种侥幸心理使朝廷上下人心涣散，苟延时日，不能做出明智的判断与抉择。起义军抵达北京城下后，京中士大夫相见，也只是“唯唯否否”地虚假应酬，“或曰无害，或曰奈何”，依然是一副事不关己、不知轻重死活的模样。甚至还有人强辩，北京城坚势重，勤王之兵很快就到，只要多积煤米，固守数月即可转危为安。但粮饷短缺，守城之兵均饥不得食，又怎会有人卖命抵抗？因此，当起义军逼近城下时，明朝守备三大营人马立即溃散，这些富贵的守财奴们均成为义军阶下之囚。也许只有义军将领刘宗敏特制的“夹棍”才能使这些迷梦难醒的缙绅们感受到一点切肤之痛。在这些执政者的操纵下，大明王朝遭遇灭顶的噩运确实是在情理之中。

社会矛盾的极度激化，确实成为明末农民战争爆发的缘

起。然而从义军方面而言，如果都是些素无训练、赤手空拳的贫苦农民，显然难以与数量巨大的官府军队相较量。明末起义军之所以能够最终冲破官军“十面之网”的围剿，取得巨大的成功，关键还在于他们并非纯粹的“乌合之众”，其组织内部具有相当特殊的成分。

其一为叛亡的边防士兵。陕西为明朝西北重要边防区，如宁夏、延绥、固原等三大边镇号称“三边”，驻扎了大批军队。明太祖朱元璋实行军民分籍的屯卫制度，沿边卫所士兵三分守城，七分屯田，本是减轻天下兵赋之良策，天长日久，大批屯田被非法侵占，无地可种又无经济来源，无力存活的士兵只有依赖朝廷的军饷。至明朝末年，兵饷拖欠十分严重，陕西边镇尤甚，边兵饥寒交迫，穷困潦倒。在严重自然灾害到来之时，境况更加悲惨。陕西巡抚胡廷宴就在奏疏中反映边军每况愈下的处境：“各军开始只是典衣卖箭，如今则发展至鬻子出妻；开始只是沿街乞食，如今则离伍潜逃；开始只是私下偶语，发泄不满，如今则公然噪喊以示抗议。”生活境况的日趋恶化激起了兵士们的满腔怒火。这些弓马娴熟、擅长攻掠的士兵与普通饥民有所不同，他们更懂得如何用武力达到自己的目的。日后，这些人成为起义军中坚持斗争的中坚力量。据记载，大批明朝官军加入到造反者的行列，还有一些偶然的机缘。万历四十七年（1619 年），明朝大举进攻辽东地区的女真政权，分四路进军，结果遭到惨败，残兵败将中有为数众多的西北籍官兵，他们在逃亡之时，担心遭到惩处或再去充当炮灰，于是纷纷奔向自己的家乡。明朝官府为阻止他们逃跑，在各地关卡进行邀击。无形之中，这些本无

心造反的士兵成了官府擒捉的叛逆，九死一生，却有家不能归，只有落草为寇。这些人也就成了明末所谓“流寇”的先驱。《怀陵流寇始终录》的作者曾概括道：“一时贼首，多边军之豪及良家世职，不欲以姓名闻，恐为亲族累，故相率立诨名。”这一现象在明末农民战争的初期尤为突出，首领的诨名形形色色，如满天飞、九条龙、一丈青、乱世王、皮里针、钻天鹞等等。

其二是失业的驿卒。明王朝在开国之初，即着手建立起较为庞大的驿递系统，每隔10里置一铺，每隔60里设一驿，分置铺长及驿丞。明末政治黑暗，驿递制度也陷于瓦解崩坏。一方面，地方官吏任意克扣驿站本已十分有限的经费；另一方面，贪婪成性的来往官吏也乘机对当牛作马的驿卒大敲竹杠，强行索要，这将驿卒推入了无边的苦海。崇祯二年（1629年），有官员上疏呼吁：“今天下驿递之疲惫极矣。……驿递非破家荡产以供，则鬻妻卖子以应。”悲惨的处境造成“瘦马死道”“人人思逃”。就在这种万分困苦之时，一些官员竟为迎合崇祯皇帝之意，建议整顿驿递，节省经费。爱财好货的朱由检立即予以批准，责成专员着手施行。这种荒谬的做法将驿卒推上了绝路，在重灾之时，被裁减下来的驿卒完全丧失了生活来源，“不去为‘贼’，将安得乎？”一些曾亲历陕西义军活动地区的士绅都讲道：“所擒之贼，多系驿递夫役，其肩有痕，易辨也。”李自成本人就曾为米脂县银川驿站的马夫，饥困无法自存，在当地官吏的欺压下，最后走上武装反抗的道路。对此，清张晋《续尤西堂拟明史乐府》有《裁驿站》诗曰：

关中饥，“盗”蜂起，“流贼”之名始于此。

饥民起，饥军从，

大吏贪庸工粉饰，闭目掩耳如瞽聋。

裁驿站，惜小费，

刘给事，太无谓。

国用已绌少胜算，驿站一裁驿夫散，

咄哉遂酿李闯“乱”！

（注：刘给事即指首倡裁驿站冗卒的给事中刘懋）

总之，导致明末农民战争爆发及明朝最终灭亡的主客观因素是相当复杂的，以罕见的自然灾害为契机，明朝社会内部矛盾极度恶化，官僚统治集团的残酷、愚昧与麻木迫使广大陷于绝境的人们走上武装反抗的道路，封建统治秩序由此彻底崩溃。文献记载的事例不胜枚举，许多城池的陷落并不是起义军奋力攻打的结果，而是出于内部饥民的倒戈，难怪封建士大夫惊呼：“李自成，银川驿之一马夫耳，因裁驿站、饥荒，无所得食，奋臂一呼，卒至（明朝）土崩不可救！”毋庸赘言，明末农民战争的成功自然不能归功于李自成一人，而李自成的反抗之举顺应了时代的需要，得到了亿万百姓的响应和支持，这才是其制胜的关键所在。

· 楚汉之争，为什么流氓战胜了贵族？
· 为什么武则天尤其看重科举？
· 封建制、郡县制究竟有什么不同？
· 是贡献还是阻碍？

历史告诉你答案

【权力的游戏】
从秦汉到明清的权力更迭

【“神器”古代史】
博物馆文物让历史倒回重演

【史事挖掘机】
有哪些出了名的馊主意？
康乾盛世竟然不是盛世？